MÉTODO DE CURACIÓN CHAKRA: UNA GUÍA PRÁCTICA PARA PRINCIPIANTES PARA LA AUTO CURACIÓN.

DESBLOQUEA, AVIVA Y BALANCEA TU CHAKRAS.
ABRE TU TERCER OJO A TRAVÉS LA ENERGÍA
CURATIVA Y LOS MÉTODOS ANTIGUOS DE
KUNDALINI

SIYA ISHANI

Al leer este documento, el lector acepta que bajo ninguna circunstancia el autor es responsable de las pérdidas, directas o indirectas, que ocurran como resultado del uso de la información contenida en este documento, incluidos, entre otros, - errores, omisiones o inexactitudes.

INTRODUCCIÓN

Entre los años 1500-500 a.C, una serie de escritos hindúes conocidos como las Vedas fueron escritos. Contenían muchos tipos de lores como himnos, filosofías, y sobre todo, guías que podían seguirse en varios aspectos de la vida. Mas importante, partes de los textos describían el antiguo entendimiento de la distribución de energía en el cuerpo, conocidos como los puntos Chakra, así como la energía principal ubicada en la columna, conocida como el Kundalini.

A pesar de la abundancia de gente incrédula, estos escritos han sobrevivido al tiempo, atrayendo practicantes constantemente por más de 5000 años. ¿Cómo te ayuda esto? Bueno, me alegra que lo preguntes. La manipulación de estas energías puede lograr muchas cosas y las discutiremos en breve en el capítulo 1. Por supuesto, como lector, ten la libertad de pasar por alto ciertos puntos que crees que no te sirvan o que ya estés familiarizado. Nuestro objetivo es proveer un fundamento en los principios básicos de los puntos de Chakra y Kundalini, Energía curativa que te permita entender el vasto alcance de las aplicaciones a las que puedes utilizar estas energías.

Continuemos al capítulo 1 y analicemos algunas de las cosas que esperes lograr a través de esta antigua sabiduría que ha resistido por mucho tiempo.

NADA PARECE FUNCIONARME

A pesar que la psicología, la neurología, y otras ciencias médicas han tenido increíbles avances con el tiempo, pareciera que aún hay muchos detalles si contestar o mal diagnosticados. Muchos de nosotros sufrimos de una serie de hábitos perniciosos y dolencias físicas que, por mucho que lo intentemos, parece que nunca podemos llegar a la raíz de ellos. Como resultado, en el mejor de los casos nos sentimos infelices y, en el peor de los casos, dependemos de las soluciones químicas prescritas y de otro tipo, que tienden a ayudar brevemente con uno o dos síntomas mientras crean una docena más. Esta es una de las razones más válidas por las que tantas personas recurren a la sabiduría Védica con más de 3000 años de éxito en comparación con las ciencias más jóvenes y "modernas".

Algunos ejemplos comunes de nuestro sufrimiento colectivo donde esta sabiduría es aplicada son los siguientes:

1. **Problemas financieros**- Sin importar con cuánto dinero cuentes o cuan extenso sea tu presupuesto, pareciera imposible ahorrar dinero. Sobrevivir día a día con tus cheques y pareciera no haber suficiente, cuando la lógica nos dice que DEBERÍA serlo.
2. **No estar satisfecho con tu carrera**-
3. Nunca pareces ser promovido. Tal vez aspires a una carrera diferente pero no puedas dar el salto. El trabajo es simplemente trabajo, algo que hacer hasta que te jubiles, infeliz.
4. **No sentirte satisfecho con tu cuerpo**- Te sientes muy gordo o muy delgado. No atractivo. Participas en dietas o en regímenes de ejercicio y los resultados no son lo que esperas. A pesar de las opciones médicas, las calorías consumidas o no consumidas, no puedes conseguir ese físico que deseas

cuando sabes que este yace ahí como un diamante en bruto.

5. **No sentir que puedes ser amado**- A pesar de todas tus cualidades, te encuentras bloqueando relaciones o compromisos porque en el fondo, estas convencido que no puedes ser amado.

6. **Tienes dificultad para intimar con el cuerpo y la mente**- ¿Acercarte a alguien? ¡Ni de chiste! Te es imposible dejar entrar a otros. Como resultado, la gente solo ve una imagen cultivada de ti. Algo superficial que has establecido para mantener a las personas a una distancia y a pesar de tu deseo de abrirte, simplemente no es una opción.

7. **No sentirte capaz de lograr tus sueños**- Tienes sueños y planes que nunca salen de tu cabeza, aunque sabes que si pudieras reunir la energía para hacer que estas cosas sucedan, disfrutarías del éxito que se obtendría. Sin embargo, no puedes reunir la energía para más que soñar.

8. **Alergias que los médicos no pueden diagnosticar_** Pareces ser alérgico a muchas cosas, y aun si una visita al médico te otorga únicamente una serie de antihistamínicos

que te en lugar de hacerte sentir mejor, te hacen sentir mas cansado.

9. **Estás de acuerdo con otros para evitar molestarlos_** Aun cuando sabes que tienes razón, en lugar "sacudir el bote" prefieres estar de acuerdo con otros. Esto lleva a sentir un estrés y una frustración enorme en tu vida que te encantaría exterminar... pero por mas que lo intentas simplemente no te animas a hablar.

10. **No puedes confiar en tus propias intuiciones (aun cuando siempre es la correcta) -** Esto es común en muchos. Sin importar cuantas veces tu intuición ha sido la correcta, no puedes confiar en ella. Esto lleva a perderse de oportunidades en el trabajo, en las relaciones, y en la vida en general. Si conoces la lógica de esto, ¿Por qué no confías en ti mismo?

11. **Sufres de fuertes migrañas y dolores de cabeza por estrés-** Los dolores de cabeza crónicos son tu constante compañía, aun cuando todo está bien y no sientes estrés. El doctor no sabe por qué. La psicología y la psiquiatría te ha fallado en darte una razón

válida, y el problema aún persiste y parece no haber escapatoria.

12. **Te sientes desconectado de lo espiritual**- ¿No puedes acercarte a la naturaleza o la religión de tu elección? ¿El mundo que te rodea se siente más material que cualquier otra cosa, una máquina en lugar de un colectivo de diversas energías y emociones? ¿Se ha convertido la vida en una simple cuestión de trabajo, sueño, enjuague y repetición? Muchos sufren de esto y parece que no pueden encontrar la razón. Podríamos tener algo de ayuda para ti aquí.

13. **Dolor de garganta crónico**- Tan pronto como esté húmedo o frío, o incluso en un día bueno, ¿sientes dolor de garganta o sensación de bloqueo? Quizá eres más susceptible a la faringitis estreptocócica y no pareciera haber una razón médica.

Estas son dolencias comunes y, sin embargo, pareciera que nadie puede hacer algo al respecto. Entonces, ¿por qué las soluciones estándar no parecen funcionar? Entendemos el enigma. Para demostrar esto, discutamos algunos de estos mismos puntos en el capítulo 2 para comprender mejor las soluciones que se intentaron y los resultados frustrantes que surgieron en lugar de una solución. Después de demostrar que conocemos y entendemos sus frustraciones, le dejaremos saber NUESTRA solución para estos problemas.

Vale la pena la espera.

2

QUE NO ES LA SOLUCIÓN

*E*n el capítulo anterior mencionamos una lista de dolencias comunes. Muchas personas las experimentan y muchas personas prueban las mismas cosas, una y otra vez, que son recomendadas por sus amigos o médicos. Por desgracia, los resultados son siempre menos que óptimos. Quédate con nosotros y te diremos por qué.

Para mostrar que sabemos de lo que estamos hablando, aquí está la lista del Capítulo 1 y algunos ejemplos de cosas que tu y muchos mas han intentado antes de decidir investigar la forma Védica de hacer las cosas.

Una vez que hayamos discutido lo que has intentado,

te revelaremos algunos secretos, cosas que no has probado, pero que te alegrarán una vez que lo hayas hecho. Así que aquí nuevamente, nuestra lista de dolencias ahora se agrega con sus "soluciones" comúnmente recomendadas.

1. Problemas financieros

Soluciónes probadas:

- Depósito directo a una segunda cuenta, pero en vez de ahorrar simplemente usas la segunda tarjeta para retirar impulsivamente.
- Presupuesto tras presupuesto; siempre mantienes un registro por unos días pero siempre algo se presenta y dejas de tomar registro o simplemente registras tus fallas.
- Contratar a un contador, y terminar en conversaciones que digan "lo siento, lo gasté".

Resultados: La inestabilidad financiera es un ciclo vicioso. Termina en frustración, en la pérdida de oportunidades, y en sentirte avergonzado con tus amigos y colegas cuando se preguntan que porque no puedes acompañarlos a almorzar o cuando eres ocasionalmente excluído. Puede prevenir que seas dueño de una casa en lugar de estar rentando, o en construir un nido para suplementar tu retiro. Es ciertamente un problema serio.

1. No estar satisfecho con tu carrera-

Soluciones probadas:

- Entrenamiento constante en tu trabajo actual que nunca es utilizado.
- Cambiar seguido de trabajo sin tener idea de donde quieres estar.
- Empezar tu propio negocio sin estar antes listo.

Resultados: No estar satisfecho con tu carrera elegida puede ser devastador. Puede afectar tu moral y tu brújula interna, después de todo, si no sabes a qué deseas aspirar en tu carrera, ¿cómo puedes dirigir el resto de tu vida? Si las soluciones anteriores no han ayudado en lo más mínimo, es probable que haya otro tipo de desequilibrio en juego del que no has sido conciente. Te lo explicaremos muy pronto.

1. **No sentirte satisfecho con tu cuerpo-**

Soluciones probadas:

- Cualquier tipo de dietas modernas, que te dejan mareado y con hambre todo el tiempo y no funcionan en el largo plazo.
- Membresías en el gimnasio que nunca se usan.
- Entrenadores personales que te dejan exhausto y con pocos resultados.
- Asistir a grupos de apoyo con personas con quienes ni siquiera puedes relacionarte en lo mas mínimo.

Resultados: Esto es impactante. ¿Cómo puedes ser feliz en la vida si no estás contento con la persona que ves en el espejo? Peor aún, el fracaso en lograr tus objetivos cuando estas sufriendo tanto puede llevar a una falta total de energía, dando como resultado un aislamiento y pereza en el tedio general, lo que empeora el problema. El clavo en el ataúd es cuando el doctor no puede encontrar nada malo o cuando te dan excusas falsas que sabes que no son ciertas o que no aplican en tu caso. Te alegrará saber que hay otra manera.

1. No sentir que puedes ser amado.

Soluciones probadas:

- Pasar el tiempo con gente potencial que son superficiales y por ende "seguros"
- Apresurarte a tener intimidad física sin estar antes listo.
- Volverte un recluso para evitar la problemática.
- Invertir mucho tiempo al trabajo y a los hobbies para "mantenerte ocupado".

Resultados: Un sinfín de cosas malas pueden resultar de esto. El recurrir al alcohol o a las drogas. Las "enamoradas" mal concebidas para un apuro rápido y emocional que nunca perdura. Aislamientos que embotan más tus habilidades sociales, haciendo que sea más difícil el hacer una conexión en el futuro cuando estés listo. Hay una razón por la cual esto está "detrás del escenario" y diremos lo que es en nuestro próximo capítulo, para que puedas empoderarte y derrotar esta aflicción debilitante.

1. Tienes dificultad para intimar con el cuerpo y la mente

Soluciones probadas:

- Al buscar la compañía de la gente, sabes que no generan respuestas emocionales o físicas en ti.
- Sesiones con el psicólogo o ser recetado con químicos por un psiquiatra para tratar una condición que sientes que probablemente no tengas.
- Te obligas a tener una intimidad para la cual aún no estás listo.

Resultados: Relaciones infelices, sentirte incomprendido, miedo a que tu corazón simplemente este "frío". El enojo fuera de lugar puede resultar al reunirse o hablar con personas que no sufren este problema. Esta es una gran fuente de infelicidad y puede dañar seriamente tu auto-imagen. Afortunadamente, hay un aspecto Védico en este problema que te enseñaremos que podría marcar una gran diferencia y ayudarte a interactuar con esa confianza y honestidad que resuena profundamente dentro de ti.

1. No sentirte capaz de lograr tus sueños

Soluciones probadas:

- Leer constantemente biografías de aquellas que han alcanzado el éxito con la esperanza de inspiración sobre la que no se actuará.
- Planeación interminable en cuadernos sin tomar ningún paso.
- Gastar dinero en cursos de orientación o de emprendimiento sin usar lo aprendido.

Resultados: Te encuentras obligado a sentirte como un diletante, un aficionado, un soñador, sin lograr nada más que estar siempre tramando y planeando. Esto lleva a sentirse decadente e ineficaz. Peor aún, a menudo la planificación es buena, lo que resulta en 'amigos' que te roban tus ideas y el éxito posterior que podría haber tenido con ellas. Hay otras formas de energizar tus metas y conducirte al éxito. Discutiremos esto a fondo en el próximo capítulo.

1. Alergias que los médicos no pueden diagnosticar

Soluciones probadas:

- Probar los antihistamínicos de venta libre, y

mezclarlos con frecuencia en combinaciones no necesariamente recomendados.

- Visitas interminables al médico.
- Las terapias alternativas como lo es la acupuntura, cambios en la dieta, y otros enfoques mas holísticos que aun son inefectivos.

Resultados: Las alergias inexplicables pueden ser una fuente de una serie de frustraciones. Pueden hacerte un paria social. Puedes ser visto por otros o por ti mismo como 'débil'. La somnolencia constante o un estado de alerta hiperactiva pueden resultar del uso excesivo de antihistamínicos o de mezclar medicamentos de venta libre en un intento de encontrar alivio. Sin embargo, lo que muchos no se dan cuenta es que las respuestas corporales como esta no siempre son médicamente naturales. Son síntomas, sí, pero no de lo que podrías pensar. Discutiremos esto más a fondo.

1. Estás de acuerdo con otros para evitar molestarlos

Soluciones probadas:

- Libros o talleres de auto-superación.
- Evitar reuniones con gente con personalidades dominantes.
- Sobre compensar en el entrenamiento físico o mental para intentar elevar la moral.

Resultados: Típicamente el enojo y el auto-desprecio puede venir de este tipo de escenarios. Tus opiniones son igual de válidas, si es que no aún más valiosas en algunos casos que las de otros que solo te empujan. Peor aún, hay quienes notan tu tendencia a no estar en desacuerdo y pueden aprovecharlo para seguir sus propias agendas. La auto-estima requerida para dar tu opinión está asociada con una Chakra en particular que te enseñaremos y quizá puedas encontrar en ella esa ventaja que has necesitado todo este tiempo.

1. No puedes confiar en tus propias intuiciones (aun cuando siempre es la correcta)

Soluciones probadas:

- Sesiones con el psicólogo para determinar porque no confías en ti mismo.
- "Diarios de intuición" que reafirman que

debes confiar en tu intuición pero resultan ser ineficientes.

- Tomar riesgos no saludables o apostar para poder reforzar tu auto-confianza.

Resultados: El no confiar en tu instinto puede resultar en la frustración de conexiones perdidas, la pérdida de posibles aventuras, y que no seas considerado para ascensos en el trabajo, y mas. Si bien no quieres basar cada decisión en un capricho, aprender a confiar en tu intuición es importante en este viaje que llamamos la vida. Puedes aprender los momentos correctos para confiar en tu intuición, teniendo el conocimiento adecuado. Estaremos encantados de compartirlo contigo.

1. Sufres de fuertes migrañas y dolores de cabeza por estrés-

Soluciones probadas:

- Medicamentos con y sin receta (a menudo con efectos secundarios no deseados o una dependencia excesiva)
- Numerosas visitas al médico sin resultados
- Visitas al psiquiatra para descartar el estrés, resultando en medicamentos que no

realmente no necesitas y sus respectivos efectos secundarios.

Resultados: Las migrañas y los dolores de cabeza por estrés pueden ser terriblemente debilitantes, lo que resulta en la pérdida de trabajo y tiempo libre, y como tal, a menudo nos sobre medicamos y aún perderemos estas cosas, cambiando nuestro dolor por somnolencia y docenas de efectos secundarios. También hay una gran frustración cuando recibimos un diagnóstico tras diagnóstico que pareciera ser una excusa y no algo que realmente podría aplicarse a nosotros. A veces, la respuesta no es algo que encontrarás en la guía de un médico, sino en una serie de textos mucho más antiguos

1. Te sientes desconectado de lo espiritual-

Soluciones probadas:

- Sobre compensar los intentos de forzar una experiencia espiritual.
- Recurrir a varios grupos religiosas con la esperanza de "encontrarte a ti mismo" y estar en contacto con tu lado espiritual nuevamente.

- Tomar un enfoque ateo y negar tu propia espiritualidad y la de otros.

Resultados: Somos criaturas espirituales por naturaleza. Piénsalo desde un enfoque científico. La teoría de las supercuerdas en su fundamento establece que toda la materia es energía que vibra a una determinada longitud de onda. También sabemos que toda la energía tiene que ir a algún lado. Sin siquiera invocar deidades o religiones específicas, tenemos, en el fondo, una relación con todas las cosas que nos rodean por la naturaleza misma de nuestra existencia. La energía no tiene que ser denominativa. La negación de nuestro estado natural de existencia puede conducir a una infelicidad general, a la sensación de no estar inspirados, y puede hacernos sentir que no somos parte del gran todo que nos rodea. Afortunadamente, la comprensión de Chakras y Kundalini es una comprensión de las energías. Es posible que se sorprenda de la transformación en tus puntos de vista sobre la espiritualidad que puede venir con esto.

1. **Dolor de garganta crónico-**

Soluciones probadas:

- Rituales diarios como hacer gargajos con agua salada (que asco!)
- Visitas constantes al médico
- Cantidades prohibitivas de antibióticos cada año.

Resultados: Esta es una dolencia sufrida por muchos y los doctores terminan diciendo que "eres muy susceptible al dolor de garganta". Como tal, esto resulta en una enorme sufrimiento físico y en pérdida de tiempo en el trabajo o en tu tiempo libre al tener que realizar visita tras visita al médico, o ir la farmacia local para comprar pastillas sin receta. Te arrebata tus días de enfermedad en el trabajo y puede dificultar cuando se requiere hablar en público o cuando quieres socializar. La buena noticia es que esto no es necesariamente una condición estrictamente médica.

Ya que tengo tu atención llegó el momento de llegar a la parte divertida.

Chakras

En los próximos capítulos discutiremos los beneficios que la sabiduría Védica de la energía del Chakra puede traer a tu vida en la mitigación, o en algunos casos, la eliminación completa de estas dolencias y más.

Lo seguiremos con una breve historia con respecto a los puntos del Chakra también para mostrarte hace cuánto tiempo que otros como usted han estado utilizando esta antigua sabiduría para tener éxito donde los consejos de amigos y médicos bien intencionados han fallado.

3

ASOCIACIONES DE DOLENCIA Y UNA
BREVE HISTORIA DE LA CHAKRA

*A*hora que hemos establecido una lista de problemas ejemplares que muchos de nosotros enfrentamos hoy, vamos a comenzar este capítulo con algunos de los beneficios que se pueden obtener al aprender y fortalecer varios puntos del Chakra al destacar sus correlaciones de la lista de dolencias que proporcionamos en los capítulos anteriores. Después de eso, tenemos la intención de iluminar la historia de los puntos del Chakra para que tengas un poco de conocimiento en esta ciencia que es de las más antiguas. A partir de ahí, procederemos al próximo capítulo donde te daremos detalles sobre cada punto individual del Chakra para luego comenzar a desarrollar tu conocimiento sobre cómo fortalecer y equilibrar cada uno. ¿Suena bien? Vamos a proceder

Entonces, para comenzar, aquí hay una lista de los 7 puntos del Chakra, junto con las 12 problemáticas que enlistamos en los capítulos previos, cada uno de ellos asociado con el punto Chakra dominante.

A través del empoderamiento de estos puntos Chakra podrás balancear las energías del Chakra para corregir estas dificultades (y mas, las cuales discutiremos en el Capítulo 4: Los 7 puntos básicos del Chakra).

Así que sin más preámbulos, aquí está nuestra lista actualizada.

1er Chakra- El Chakra de la Raíz

- Problemas financieros
- No estar satisfecho con tu carrera
- No sentirte satisfecho con tu cuerpo
- No sentir que puedes ser amado

2do Chakra- El Chakra Sacral

- Tienes dificultad para intimar con el cuerpo y la mente

3er Chakra- El Chakra del Plexus Solar

- No sentirte capaz de lograr tus sueños

4to Chakra- El Chakra del Corazón

- Alergias que los médicos no pueden diagnosticar

5to Chakra- El Chakra de la Garganta

- Estás de acuerdo con otros para evitar molestarlos
- Dolor de garganta crónico

6to Chakra- El Chakra del Tercer Ojo

- No puedes confiar en tus propias intuiciones

7to Chakra- El Chakra de la Corona

- Sufres de fuertes migrañas y dolores de cabeza por estrés
- Te sientes desconectado de lo espiritual

Te sientes intrigado? La muestra que hemos dado en

progresión a través de estos capítulos es solo una muestra de lo que la comprensión y el dominio de estas energías pueden aportar a tu vida. Después de todo, las personas en todo el mundo han estado usando este sistema durante más de 3000 años. Vamos a hablar de esta historia a continuación para que tengas una pequeña base en los fundamentos de los puntos de Chakra. Una vez que hayamos allanado un poco las bases sólidas para que comiences, entraremos en detalles en los siguientes capítulos sobre los 7 puntos y ejercicios básicos del Chakra para construirlos y capacitarlos para ser utilizados para su propio beneficio.

Entonces, los puntos Chakra... ¿De qué se trata?

En la India, alrededor de 1000-1500 a.C. (este es el consenso general, aunque existe cierta controversia) los textos Védicos fueron escritos. Tomando en consideración himnos, tradiciones, oraciones, poemas, filosofías y más, estos textos abarcaron los principios y conceptos básicos de la religión Védica. Aquí es donde primero hemos escrito mención de los Chakras. Son esencialmente la tradición oral registrada de los brahmanes, los sacerdotes, los más altos de la casta social en la India. Debido a su educación, estos sacerdotes a menudo actuaban como consejeros y en habilidades ministeriales para los guerreros y jefes gobernantes.

La primera mención de los Chakras que tanto hemos escrito se originaron allí. La palabra "Chakra", significa literalmente rueda, y es una referencia a la rueda de las carrozas de los gobernantes. Visualizado como una rueda giratoria de luz, también hay asociaciones con el sol. Las primeras menciones que tenemos de los Chakras como centros espirituales de energía surgieron en el año 600 antes de la era común en la Yoga Upanishads, otro texto Sánscrito que trata sobre las tradiciones Yóguicas. El Lore de las Chakras no llegaría al Occidente en forma impresa hasta 1919, cuando un inglés llamado Arthur Avalon publicó una traducción de textos de 1577 (titulado 'Sat-Cakra-Nirupana') y del siglo X (Un texto titulado 'Padaka -Pancaka 'y otro llamado' Gorakshashatakam '). Estos textos contenían información de los centros Chakra, así como las instrucciones para meditar sobre estos centros para empoderar al "yo". Sobra decir que la tradición antigua fue bien recibida y con las compuertas abiertas, más y más información sobre este sistema comenzó a inundar el oeste.

El resto es, por supuesto, historia.

¿Entonces, que son exactamente los puntos Chakra?

Los puntos Chakra son esencialmente centros de energía. Mientras que el enfoque principal es en 7 Chakras principales (y sobre estos nos vamos a enfocar, ya que esto es un texto inductivo), existen en realidad 114 puntos Chakra con 72,000 nadis (canales de energía) a través del cual la Prana, o la "energía vital", viaja.

Los 7 puntos de Chakra en los cuales nos centraremos en este libro, curiosamente, corresponden, de arriba a abajo, con los 7 ganglios nerviosos principales de la columna vertebral. Si bien se visualiza como una rueda de luz de tipo halo, estas correspondencias lo ayudarán a comprender mejor cómo se mapean los puntos Chakra en tu propio cuerpo. Analizaremos las ubicaciones correspondientes con más detalle en el Capítulo 4.

Ahora, estos puntos de energía gobiernan varias "esferas" de influencia en tu vida. El equilibrio de tu energía vital general. El entendimiento de estos puntos de Chakra puede ayudarte a entender mejor cuándo ciertos aspectos de tus energías están bloqueados o sobresaturados. Esto puede ayudarte a alcanzar un equilibrio, fortalecerte donde sea necesario, llevándote a un mejor disfrute de la vida y al destierro de los elementos de discordia que el bloqueo puede introducir en tu vida.

¿Suena un poco complicado, no?

No te preocupes. Nuestro trabajo aquí es brindarte un conocimiento básico que puedas aplicar y desarrollar. Un fundamento, si quieres verlo así. En esta magnifica era de la información, un poco de tiempo invertido Google y algunas lecturas recreativas en tu teléfono, lector de libros electrónicos o biblioteca de tu elección pueden ayudarte a conocer algunos de los conceptos más complicados. Aquí nos enfocaremos en comenzar y proporcionarte las habilidades para OBTENER RESULTADOS y el resto dependerá de ti. Una vez que haya visto lo que la antigua sabiduría puede hacer por ti, comprenderás por qué tantas personas pasan toda una vida aumentando su comprensión y dominio de sus Chakras.

Ahora que te hemos dado una breve historia además del conocimiento básico de lo que son los puntos Chakra y algunas de las cosas que pueden hacer por ti, creemos que estás listo para zambullirte un poco mas profundamente. En el próximo capítulo identificaremos las 7 Chakras en detalle y de daremos un mejor conocimiento de sus esferas de influencia para que sepas exactamente que pueden hacer por ti. Una vez que conozcas mas de este sistema entonces muchas mas cosas en tu vida harán sentido.

Te lo garantizo. Ahora, sigamos al capítulo 4, "**Los 7 puntos básicos del Chakra**"

4

LOS 7 PUNTOS BÁSICOS DEL CHAKRA

*A*hora que hemos explorado, discutamos los 7 puntos principales del Chakra, sus respectivas ubicaciones, y sus esferas de influencia. Primero, los nombres y ubicaciones de las Chakras son las siguientes:

1. **Muladhara- "raíz o soporte"**

- Ubicación- base de la columna
- Comunmente conocida como- Chakra de la Raíz

1. **Svadhishthana- "dulzura"**

- Ubicación: Debajo del ombligo

- Comunmente conocida como- Chakra Sacral

1. **Manipura-"joya brillante"**

- Ubicación: Estómago
- Comunmente conocida como- Chakra del Plexus Solar

1. **Anahata- "desarmado"**

- Ubiación: Centro del pecho
- Comunmente conocido como- Chakra del Corazón

1. **Vishuddha- "purificación"**

- Ubicación: Base de la garganta
- Comunmente conocido como- Chakra de la Garganta

1. **Ajna- "percibir"**

- Ubicación: En la frente, en la parte central por arriba de los ojos

- Comunmente conocido como- El Chakra del Tercer Ojo

1. **Sahasrara- "Mil veces"**

- Ubicación: Sobre la cabeza
- Comunmente conocido como- El Chakra de la Corona

Como se mencionó anteriormente, las Chakras son comúnmente visualizadas como círculos de luz, pero es más fácil recordarlas como una línea recta de puntitos subiendo por la columna.

A continuación, queremos describirte sus esferas de influencia para que tengas una mejor idea de las energías que gobiernan. Posteriormente en este libro analizaremos los síntomas del bloqueo de estas Charkas en particular, para que puedas enfocarte en los problemas a medida que los encuentras para obtener una energía más equilibrada en la vida.

He aquí un listado de las áreas básicas de influencia de las 7 Chakras:

1. Chakra de la Raíz

- Como influye en la vida: Esta chakra de la
  raíz gobierna en áreas como la
  supervivencia/auto-preservación, aspectos
  materiales de la vida, así como el área de la
  sexualidad ya que se relaciona con la
  procreación como aspecto de seguridad,
  predominantemente en la supervivencia y la
  procreación. Estando muy ligado a tu
  habilidad de sentirte seguro y a salvo, la
  Chakra de la Raíz también gobierna tus
  reflejos para luchar o huir. Visualízalo como
  el Chakra de la seguridad, o siendo mas
  preciso, de la auto-conservación.
- Asociaciones Físicas: Esta Chakra se asocia

con los órganos sexuales masculinos, el
coxis, piernas, caderas, y la espalda baja.

1. El Chakra Sacral

- Como influye en la vida: El Chakra Sacral está
  emocionalmente asociado en cómo nos
  conectamos con otros y en las experiencias de
  la vida. La familia, los amigos, parejas sexuales,
  y experiencias en general... Sí, experiencias. El
  cómo te sientes cuando ves un amanecer o
  cuando eres testigo del nacimiento de tu hijo.
  Este Chakra está ligado a estas cosas. Está
  también fuertemente asociado con la
  sensación de uno mismo y como nos damos a
  conocer. El que tanto te permites sentir y de

utilizar tu auto-poder. Por ende esto gobierna tu fuerza interior así como la manera en que compartes dicha fuerza con los demás.

- Asociaciones físicas: Órganos sexuales femeninos, vejiga, colón, y los intestinos gruesos.

1. Chakra del Plexus Solar

- Como influye en la vida: Mientras que la Chakra Sacral define como utilizas tu auto-poder; el Chakra del Plexus Solar es esencialmente la sede de dicho poder. Define la auto-aceptación, así como la habilidad de reconocer y entender quien realmente eres así como tu habilidad de representarte correctamente ante el mundo. Esto esta fuertemente ligado a tu vida Profesional y Personal, ya que está ligado a las habilidades personales, y tiene un efecto en tu capacidad de sentir orgullo y auto-valor.

- Asociaciones Físicas: El Chakra del Plexus Solar gobierna los riñones, la vesícula biliar, el estómago, el hígado, y el páncreas.

1. El Chakra del Corazón.

- Como influye en la vida: El Chakra del corazón ejerce influencia en la habilidad para amar, ya sea amor propio y hacia otros. También afecta el cómo interpretamos experiencias y lecciones de vida, ya que esa sabiduría siempre es filtrada por la variable de "¿me amo a mi mismo? En esta capacidad, es la diferencia entre aprender una lección de vida o decidir que el mundo está en tu contra.

- Asociaciones físicas: Este Chakra gobierna el corazón, la espalda superior, pulmones, senos, y los brazos.

1. Chakra de la Garganta

- Como influye en la vida: La Chakra de la Garganta gobierna la comunicación, tanto con los demás como con uno mismo. A su vez, está fuertemente asociada con la habilidad de expresar la creatividad propia. Esto también afecta tu capacidad de expresar sueños o ideas de una manera "concreta" para que el resto del mundo pueda ver y entenderlo.

- Asociaciones físicas: El Chakra de la Garganta conforma las áreas del cuello, la garganta, la boca, las orejas, la tiroides, y la laringe.

1. El Chakra del Tercer Ojo

- Como incluye en la vida: El Chakra del Tercer Ojo tiene influencia en la conciencia espiritual así como en la habilidad de pensar con lógica y claridad. Te permite ver el panorama grande, de una manera tanto material como espiritual. También te permite un entendimiento de uno mismo.
- Asociaciones físicas: Este Chakra está asociado con los ganglios linfáticos, el cerebro, los ojos, los senos paranasales, es sistema endocrino, y la glándula pineal.

1. El Chakra de la Corona

- Como incluye en la vida: Mientras que el Chakra del Tercer ojo gobierna la conciencia espiritual, la Chakra de la Corona es la sede de dicho poder espiritual. Gobierna la conexión del "yo" con los reinos espirituales o aspectos de la vida a tu alrededor. Contribuye a la propia visión de la conexión con el universo y ayuda a proporcionar una mayor conciencia del futuro por venir.
- Asociaciones físicas: La Chakra de la Corona está asociada con la vértebra cervical, la columna vertebral, y las articulaciones.

Ya que hemos establecido las ubicaciones y principales funciones de los 7 puntos principales del

Chakra nuestro próximo paso es analizar como uno puede desarrollar estos puntos. En el Capítulo 5 analizaremos el desarrollo de estos puntos Chakra para que puedas comenzar a utilizar su poder para tu beneficio.

¿Estas listo? Bien. Entonces procedamos ahora con el siguiente capítulo para poder desarrollar esa energía Chakra y hacer buen uso de ella. Ten por seguro que estarás muy satisfecho con los resultados.

5

DESARROLLO DE LAS CHAKRAS

*E*l desarrollo de las Chakras es algo que cualquiera puede hacer. Es fácil y rápido, considerando que estos puntos de energía en tu cuerpo ya están ahí y activos. Simplemente tienes que aprender a desarrollar y enfoque y nivel de conciencia. El estar consiente también te permitirá reconocer cuando un Chakra este más activo que otro, para que puedas tomar ventaja de esto, o bien reducir su influencia para que haya una energía más balanceada según sea necesario. Como hemos mencionado anteriormente, tus Chakras gobiernan varias partes del cuerpo y el espíritu. Aprendiendo de estas energías pueden ayudarte a obtener una mejor salud y una mente mas clara. El estudio de estas pueden ser tan sencillas o devotas según te plazca. Una ligera lectura cada mañana por algunas semanas o un estudio controlado por unos días. Todo depende de ti. Ahora veamos los aspectos prácticos.

¿Cuál es la manera más sencilla de acceder a estas energías?

Meditación

Primero, un sencillo ejercicio de respiración es requerido. Una respiración adecuada asegura que estés relajado y en un estado receptivo que te llevará a proceder a un estado mas profundo y meditativo, bloqueando toda distracción para enfocarte en tus Chakras. Como tu primer ejercicio de respiración, hagamos un sencillo 3-3-3.

Ejercicio de Respiración 3-3-3

El ejercicio de respiración 3-3-3 es muy útil, ya que es fácil, elegante, y eficaz. Toma asiento en un lugar donde te sientes cómodo y cierra tus ojos.

Inclínate, respira despacio contando hasta tres.

Uno.

Dos.

Tres.

Después, mantén la respiración contando hasta tres lentamente.

Uno.

Dos.

Tres.

Por último, simplemente exhala despacio contando hasta tres.

Uno.

Dos.

Tres.

Practica esto durante intervalos de 10 minutos. ¿Notes que tu corazón se desacelera conforme te vas relajando? Lo grandioso de este ejercicio es que puedes variar los conteos conforme vayas descubriendo mejores resultados. Intenta abastecerte de oxigeno haciendo una sesión respiratorio tipo 4-3-3, o disminúyelo ligeramente con un 3-4-3.

Existen muchas posibilidades, algunas que reducen el dolor o aumentan el enfoque, y lo mejor, es que con la práctica tu cuerpo las recordará y te verás respirando automáticamente siguiendo ciertos patrones que hayas descubierto por tiempos de estrés o ansiedad (algunos han reportado este ejercicio que emergencias tales como accidentes automovilísticos u otros traumas físicos y dañinos han desencadenado una respiración controlada en respuesta, así que asegúrate de seguir practicando.) Práctica en el transcurso de la semana para encontrar tu combinación óptima, o bien, si ya estás acostumbrado con el 3-3-3 a tal punto que ya no necesitas concentrarte en el conteo y no perder el enfoque, entonces ya estamos listos para proceder a la meditación.

Ahora que ya tienes un control en la respiración adecuada podemos proceder a aspectos básicos de la meditación Chakra.

Y bien, ¿qué es la meditación Chakra? Con una meditación estándar podemos alcanzar un estado de relajación en la cual, sin pensar, estamos más conscientes del "yo" mismo y del universo que nos rodea. La meditación Chakra, sin embargo, involucra lograr un estado de meditación en donde podemos concentrarnos en energías Chakras en específico que, a su vez, nos dan en enfoque-laser en aspectos en específico de nuestro bienestar físico y mental que está relacionado con el punto Chakra. Este tipo de meditaciones pueden ser un gran conducto para lograr una mejor sensación de bienestar, tanto físicamente como espiritualmente, como estarás por averiguarlo pronto.

Comencemos con una meditación sencilla para incrementar nuestra conciencia de las Chakras.

Primer ejercicio de meditación- explorando tus Chakras.

Preparación:

- Búscate un lugar en silencio. Dentro de tu casa donde te sientas a gusto, o si es posible, en un bosque cercano, o incluso en tu patio trasero donde puedas estar cerca de la naturaleza.
- Asegúrate te sentarte en una posición cómoda. Una posición de loto es agradable y tradicional, no obstante, el objetivo aquí es llegar a un estado de meditación…. en relajarse. Esto significa que puedes romper la tradición si así lo deseas. Siéntate en el sofá o en una silla de acampar que esté cómoda si te encuentras en el bosque.
- Toma en cuenta que esto podría tomar

media hora, quizá más si te encuentras en un modo particularmente contemplativo. Esto significa que querrás asegurarte que no tienes nada planeado para este tiempo y que has puesto tu teléfono en modo silencioso (no en vibración, salir bruscamente de un estado meditativo puede ser una experiencia molesta). Esto garantizará cero interrupciones, al menos lo menos posible en este mundo tan caótico que a veces vivimos.

- Para tus primeras veces, si no deseas memorizar los pasos, entonces grábate leyendo los pasos para poder escucharlos en tu MP3 portátil o cualquier dispositivo de tu elección, para que puedas seguir las instrucciones mas fácilmente. Si optas por este método, asegúrate de dejar pausas por unos minutos entre aquellos pasos donde se te pide que visualices algo, así mientras estés sentado con los ojos cerrados, sintiéndote mas relajado, tendrás suficiente tiempo para experimentar y agudizar tus visiones al máximo.

- Toma en cuenta que para esta meditación usaremos diferentes colores para representar los puntos Chakra, incorporando los 7 colores del arcoíris. Los esquemas de color para varios Chakras fueron añadidos mucho después, así que mientras son utilices, por favor toma en cuenta que no son necesariamente tan tradicionales como la demás información que estás aprendiendo.

- Chakra de Corona- Rojo
- Chakra del Tercer Ojo- Naranja
- Chakra de la Garganta- Amarillo
- Chakra del Corazón- Verde
- Chakra del Plexus Solar- Azul
- Chakra Sacral- Indigo
- Chakra de la Raíz- Violeta

Pasos para meditar:

1. Si estás sentado cómodamente, comienza a respirar adecuadamente para sentirte relajado.
2. Cierra tus ojos.
3. Empieza visualizando la parte superior de tu cabeza, la Chakra de la Corona. Visualiza una luz roja allí, y deja que tus pensamientos se deslinden para enfocarte en esta luz. Deja que te llene, que te energice…. Siente como

extingue las emociones negativas; miedo, enojo, culpa, celos. Cualquier cosa que te esté distrayendo. Como troncos siendo quemados, deja que estas emociones negativas alimenten la luz que ves en tu mente. Nota como cada vez brilla mas y mas. Cuando esté brillando al máximo y continúe brillando, sin cambiar, entonces este Chakra ha sido energizado Es tiempo de proceder al Chakra del Tercer Ojo.

4. Siente la energía que se filtra desde tu Chakra Corona hasta el espacio ligeramente arriba y entre tus ojos, el Chakra del Tercer Ojo. A medida que se filtra, ve que la energía Roja se vuelve Naranja donde se encuentra el Tercer Ojo, al principio como gotitas de agua en tu frente hasta que se convierte en un flujo constante. Ve el brillo que irradia desde el punto del Tercer Ojo. Como una representación de radar en películas, ve la luz expandirse, pulsando en una amplia circunferencia, una esfera tridimensional de luz naranja brillante, para que toque todo a su alrededor a medida que se vuelve más brillante y más poderoso. Una vez en su

punto más brillante, podemos pasar al Chakra de la Garganta.

5. Mira el color naranja yendo hacia abajo hacia la garganta, cubriendo la Chakra de la Garganta con una luz que es rápidamente transformada del color naranja a amarillo. Mira cómo se forma como si fuera un sol pequeño. Contempla este pequeño sol en la Chakra de la Garganta hasta que estés listo para enviar la energía una vez mas hacia abajo.

6. Dirige la energía del pequeño sol hacia el centro de tu pecho, hacia la Chakra del Corazón. Visualiza esa energía amarilla tornarse a un color verde brilloso, como el que verías en la naturaleza al comienzo de la Primavera. Deja que la energía se esparza lentamente conforme la luz verde crece poco a poco. Una vez que esta luz esmeralda llegue a su brillo máximo, deja que la energía fluya hacia abajo, hacia el estómago, cambiando de color a azul zafiro.

7. A medida que la energía se mueve hacia el estómago, la Chakra del Plexo Solar, visualizala estallando como la electricidad, quedando congelado en su lugar a medida

que crece en tonos de zafiro más profundos. Una vez que esta luz esté brillando intensamente y pareciera que no crecerá mas, deja que la energía se desplace hacia el punto justo debajo del ombligo, la Chakra Sacral.

8. Mira la energía estallar hacia una esfera de cristal vacía en el punto de la Chakra Sacral. Conforme vaya llenando la esfera la energía cambia de color azul al color indigo (casi morado, pero más cercano al azul en el círculo de colores. Google te puede mostrar el tono exacto). Cuando la energía de la Chakra del Plexo Solar se haya vaciado totalmente en la Chakra Sacral, permite que la esfera de cristal cambie de cristal a una de luz, expandiéndose y brillando con tu enfoque en ella. Contempla esta luz todo el tiempo que quieras, minutos o momentos. Cuando la intensidad de la luz se vuelve estática, y sin cambios, entonces deja que la luz fluya en riachuelos aún más abajo hasta la base de la columna vertebral

9. Mientras la luz va llegando a la base de tu columna vertebral, la Chakra de la Raíz, obsérvala cambiar de color de nuevo,

cambiando sutilmente a tonos de luz violeta.
Deja que esta luz se haga mas fuerte
mientras fluye de la Chakra Sacral hacia la
Chakra de la Raíz hasta que toda la energía
haya sido transferida. Mírala haciéndose mas
intensa hasta que la luz llega al brillo
máximo, al igual que en los puntos previos, y
mantén tu enfoque en la contemplación.
Ignora los pensamientos de tu mente,
enfócate solo en el color y la intensidad de
la luz.

10. Ahora visualiza a todas las Chakras
iluminarse, desde la raíz hasta la corona,
todas brillando con la misma intensidad.
Una vez que puedas tener esta visión en tu
mente y verla en su perfección, lentamente
abre los ojos. El ejercicio ha terminado.

Ahora que hemos terminado la primera meditación
hay algunas cosas a preguntarte:

- ¿Había algunos colores / Chakras mas
  brillosos que otros en tus visualizaciones?
- ¿Algunos de ellos eran más tenues o difíciles
  de potenciar?
- ¿Notaste alguna introspección que te haya

venido aleatoriamente mientras meditabas
en algún Chakra en particular?

El motivo de estas preguntas es porque los colores
tenues en algunas áreas pueden indicar algún
bloqueo, mientras que colores más fuertes podrían
indicar que estamos inconscientemente energi-
zando una Chakra en particular en ese momento.
La introspección es importante, ya que los Chakras
no solo gobiernan patrones particulares de pensamiento, sino corresponden a áreas específicas del
cuerpo. Con la práctica, podrás modificar esta
simple meditación para concentrarte en una
Chakra en específico si sientes que pudiera haber
problema para que de esa forma puedas tener un
entendimiento más profundo de lo que hay en
juego en esa Chakra en particular. El bloqueo de
una Chakra en específico (o mas de una) puede
ocurrir, y ha sucedido, en el próximo capítulo
vamos a analizar esto en detalle con respecto a
síntomas que puedes detectar y que pudieran ser un
indicador de bloqueo en las Chakras así como ejercicios que pueden usarse para sanar dichos
bloqueos. Hasta que estés listo para este capítulo,
practica la meditación que acabamos de enseñarte.
Es bueno hacerlo si tienes tiempo durante la

semana para ayudarte a sentirte balanceado y energizado.

Ahora que te hemos enseñado la primera meditación, procedamos al capítulo 6: "Disonancia y curación de la Chakra" para que puedas detectar los signos de un bloqueo de Chakras y saber que hacer exactamente con ellos.

6

DISONANCIA Y CURACIÓN DE LA CHAKRA

*E*n el capítulo anterior te enseñamos un método básico para echarle un vistazo a los puntos Chakra y como energizarlos ligeramente. Ejercicios como estos son también útiles cuando hay un desbalance en las Chakras, aunque hay una variedad de cosas que puedes hacer y que quizá no estés consciente. Es aquí donde entramos nosotros, por supuesto.

¿Entonces cómo saber si tus Chakras están desbalanceadas? Resulta que hay varias señales y síntomas que pueden indicar un desbalance en el Chakra. En este capítulo vamos a nombrar cada Chakra nuevamente, así como plasmar información relacionado con síntomas Físicos, Mentales y Conductuales que pudieran involucrar un bloqueo de un Chakra en particular que necesite ser resuelto. Después de esto, volveremos a listar cada Chakra de nuevo con información sobre como puedes combatir el bloqueo de cada una de las Chakras.

Comencemos.

1. Chakra de la Raíz

Síntomas físicos: El bloqueo de la Chakra de la Raíz puede resultar en ciertos problemas. Como está ligado a sentimientos de seguridad y bienestar, el bloqueo puede resultar en problemas de alimentación, de comer de mas. Otros problemas que pudieran surgir son piedritas en los riñones, estreñimiento, problemas de próstata, ciática, problemas en las piernas o rodillas, e incluso impotencia.

Síntomas Mentales / Conductuales: El bloqueo de este Chakra puede resultar en sentir paranoia, inseguridad, desconfianza en general, y a veces resulta en "pies ambulantes" debido al sentimiento de no sentirse en casa. Puedes sentirte abandonado en ocasiones. En las relaciones, pueden surgir problemas de codependencia.

1. Chakra Sacral

Síntomas físicos: Como el Chakra de la Raíz, el bloque del Chakra Sacral puede resultar en problemas de riñon. Además de esto, también pueden presentarse problemas de la vejiga, así como dolores de espalda, infección del tracto urinario, quiste de ovario, e incluso la esterilidad.

Síntomas Mentales / Conductuales: Como este Chakra gobierna como te relacionas con la gente, el cómo te exhibes, y como utilizas tu fuerza interna, el bloqueo de este Chakra puede ser muy peligroso. Podrías desarrollar un problema de ira, celos graves, o ambos. En el área sexual, un libido bajo o inexistente, el no poder obtener orgasmos, o una eyaculación prematura podría ocurrir. El bloqueo también puede volverte manipulador, obsesionado al sexo, o puedes sentir que has perdido por completo el control de tu vida.

1. Chakra del Plexo Solar:

Síntomas físicos: En general la salud está fuertemente asociada con este Chakra. Padecimientos como la diabetes, problemas digestivos, úlceras, artritis, fibromialgia, asma, problemas de hígado y de la vesícula biliar están asociados con un desequilibrio de este Chakra en particular. Este es uno que definitivamente hay que prestar atención.

Síntomas Mentales / Conductuales: El bloqueo de este Chakra puede ser vicioso, ya que es la sede del "yo". Podría ocurrir una desconexión de tu identidad, ocasionando una sensación de estar perdido. Las habilidades de acoplamiento pueden verse afectadas, que podría llevar a una sanación lenta o inexistente en casos traumáticos. La gente podría notarlo, tomar provecho de eso y forzarte a tomar decisiones que no estás de acuerdo. Otra señal de advertencia ante un bloqueo del Chakra del Plexo Solar es el no poder establecer límites con otros. La pérdida del auto-control, la ansiedad, e inclusive adicciones (tanto físicas como químicas) podrían ser un problema cuando haya un bloqueo presente en este Charka.

1. Chakra del Corazón.

Síntomas físicos: Problemas respiratorios tales como el asma o alergias están ligadas a problemas con el Chakra del Corazón. Otros malestares, como padecimiento del corazón, hipertensión, y una mala circulación también están asociados con este Chakra.

Síntomas Mentales / Conductuales: El bloqueo del Chakra del Corazón puede resultar en sensaciones de soledad, una desconfianza general en las amistades y en relaciones, inclusive crueldad. Verás, la compasión y tu capacidad para amar están gobernados por este Chakra, y por ende tu capacidad para amar o para entender los problemas emocionales que tus amigos o pareja podrían estar experimentando podría verse comprometida cuando hay problemas con este Chakra. La ansiedad social o la sospecha de recibir regalos o de darlos también puede ocurrir, así que estate pendiente de estas señales, podrían indicar que tu Chakra del Corazón necesite atención.

1. Chakra de la Garganta

Síntomas físicos: El bloqueo del Chakra de la Garganta puede ocasionar varios problemas. Dolor crónico en la garganta, úlceras en la boca, laringitis, dolor de cuello frecuente, problema de tiroides, desorden en la mandíbula, e incluso problemas dentales.

Síntomas Mentales / Conductuales: Este bloqueo puede resultar en una caída masiva en habilidades de comunicación, resultando en problemas para expresarse, timidez, ansiedad social, y sentir un desapego en la sociedad. En casos severos, puede ocurrir lo adverso, y podrías volverte involuntariamente manipulador, dominante, engañoso, o incluso arrogante. Verte a ti mismo de repente en silencio en eventos sociales puede definitivamente ser una señal de un bloqueo en el Chakra de la Garganta.

1. Chakra del Tercer Ojo.

Síntomas físicos: Debido a que el Chakra del Tercer Ojo está fuertemente asociado con tu cabeza y el cerebro, problemas con este Chakra pueden resultar en dolores frecuentes de cabeza, dolor de ojo, insomnio, y en casos severos, hasta convulsiones o delirios. El tener de repente una visión pobre cuando tu vista estaba bien también podría ser indicador de un problema con el Chakra del Tercer Ojo. Fuertes pesadillas que invadan tu sueño de la nada también es una señal de advertencia así que asegúrate de no pasar esto por alto, significa que tu Chakra del Tercer Ojo necesita atención.

Síntomas Mentales / Conductuales: El bloqueo de este Chakra puede resultar en la pérdida de dirección en la vida ya que dejas de confiar en tu voz interior. Podrías de pronto obsesionarte con el pasado o perder completamente interés en tu propio futuro. Una renuncia a tu intuición puede llevar a guiarte a través de recuerdos selectivos y puede producirse un engaño para ocultar tu falta de previsión.

1. Chakra de la Corona

Síntomas físicos: Problemas neurológicos, depresión, migrañas, y dolor en los nervios están asociados con este Chakra. Problemas con la tiroides y en la glándula pineal también están asociados con el bloqueo de este Chakra. En los casos mas severos, el Alzheimer y la Esquizofrenia también pueden empeorar debido a un desequilibrio en este Chakra, así como podría existir un desorden Bipolar.

Síntomas Mentales / Conductuales: Una Chakra de Corona bloqueada puede llevar a un malestar espiritual. El volverte aislado cuando antes eras muy sociable es uno de los síntomas comunes de un problema con este Chakra. El estar sin gozo, sin inspiración, e incluso la egomanía pueden también ocurrir con el bloqueo de esta Chakra.

Este es un listado básico, no obstante, aprenderás más conforme vayas investigando por tu cuenta. Como puedes ver, los puntos Chakra sin duda cubren un amplio rango de funciones del cuerpo y la mente. "¿Así que como uso esta información para frenar un bloqueo Chakral?", te preguntarás. Hay varias maneras, no estrictamente relegadas a técnicas de meditación, sino ligadas a las esferas de gobernación asociadas con cada Chakra. Discutamos lo que puede hacerse para sanar esas Chakras en particular.

Sanación de un Bloqueo Chakral

1. **Chakra de la Raíz**- La sanación de un bloqueo con la Chakra de la raíz puede lograrse de varias maneras. Ejemplos de acciones que podrías tomar son las siguientes:

   - Como este Chakra está asociado con la seguridad del hogar, así como en bienes materiales, trata de personalizar tu casa una vez a la semana de una manera en que se refleje tu personalidad. Quizá tengas objetos coleccionables que puedas colocar en un lugar mas prominente para que puedas disfrutarlos mas cuando te relajes en casa.
   - Como hemos incorporado colores en nuestras meditaciones de Chakra, incorpora

el color rojo en las decoraciones de tu casa, o en tu vestimenta. La asociación de los colores mantendrá al Chakra enfocado en tu subconsciente para ayudar a construir su energía.

- Usa la meditación que te enseñamos anteriormente, enfocándote en la Chakra de la Raíz. Date ligeros golpecitos en la cabeza en varios momentos y visualiza el color rojo al hacerlo. Esta asociación te brinda un medio rápido para atraer la energía de este Chakra cuando la necesites, un recurso mnemotécnico que consiste en simplemente golpear la cabeza unas veces para invocar las memorias y las sensaciones de la meditación. Esto puede hacerse con cualquiera de las Chakras.

- Limpiar tu casa es una manera simple de alimentar tu Chakra de la Raíz. Cuando tu hogar está organizado te sentirás mas a gusto y seguro de la energía que le has dado a la Chakra.

1. **Chakra Sacral**- El bloqueo del Chakra de las conexiones emocionales puede ser mitigada de las siguientes maneras:

- Hacer trabajo voluntario para acercarte a otros puede ayudar a nutrir tu sentido de proximidad ante la comunidad. Esto, a su vez, fortalecerá el Chakra Sacral.

- Socializa! Invita amigos cercanos a tu casa por la noche. Cena con un amigo una vez por semana. La interacción con otros fortalece el Chakra Sacral. Quizá se sienta incómodo al principio, pero cuando reconoces que el problema es un desequilibrio del Chakra y no el resultado de una influencia externa entonces te será más fácil pasar tiempo con otros que son también importantes en tu vida.

1. **Chakra del Plexo Solar_** El Chakra del Plexo Solar gobierna la sensación del "yo", y así, los bloqueos deben tratarse rápidamente. Aquí hay unas formas de lograr esto:

- Incorpora el color Amarillo a tu rutina diaria. Utiliza joyería de oro o de color oro si cuentas con algunas. Los alimentos color amarillo también pueden fortalecer este Chakra también.

- La meditación sin un objetivo en específico,

pero alcanzando un pensamiento fijo puede promover la auto-contemplación, en lo que aprendes a escuchar en lugar de siempre hablar. Esto puede fortalecer la Chakra del Plexo Solar también.

- Comienza un diario. Establecer tus palabras en papel o en otros medios ayuda a promover la introspección de uno mismo. Al mismo tiempo, te da un registro de sentimientos, estados de ánimo, y una mentalidad general en diferentes tiempos. Esto te permite ver el panorama grande cuando llega a TI. Si no eres de los que escribe diarios, ¿por qué no hacer publicaciones introspectivas en tu Facebook? Se recomienda que si se hace esto se desactiven los comentarios. Esta introspección es para ti y no debe ser sujeta a comentarios ni a críticas, las cuales podrían bloquear aún mas el Chakra del Plexo Solar.

1. **Chakra del Corazón**- Influenciando la capacidad de amarte a ti mimo al igual que las interpretaciones de tus lecciones de vida, el bloqueo de este Chakra puede causar mucho caos en tu vida. Para remediar esto,

intenta hacer uno o mas de lo siguiente para ayudarte a re-energizar y desbloquear el Chakra:

- Joyería con piedritas verdes como las esmeraldas, turmalina verde, o el jade puede ayudarte a energizar este Chakra.
- Coloca fotografías de tus seres queridos en tu casa, para que tengas un recordatorio diario de aquellos que te son cercanos y queridos. Tomate un momento cada mañana a mirarlas y pensar en un recuerdo en particular que es superior a todos los otros miles de recuerdos.
- El bloqueo de esta Chakra puede interferir con tu habilidad para dar. Esto se puede combatir de una manera sencilla. Invítale a un amigo una taza de café de vez en cuando. Lleva donas a la oficina para todos. Haz una donación a una causa si lo deseas. Aunque parece simple, el acto de dar es profundo cuando viene del corazón. La generosidad es una manera segura de fortalecer este Chakra.
- Crea un "Libro de Memorias Felices". Adquiere un libro en blanco en tu librería

local y déjala en algún lugar conveniente en tu hogar. Trate de al menos una vez a la semana de escribir una memoria feliz en el libro. Con el tiempo, se irán sumando, y tendrás un libro que puedes tomar y leer en cualquier momento que sientas depresión y que la noche oscura sea demasiado. Esto puede ahuyentar las sombras y el mismo acto de escribir estas memorias fortalece a la Chakra del Corazón enormemente.

1. **Chakra de la Garganta-** Al tener un gobierno en la comunicación con uno mismo y otros a través del habla, la expresión, y la creatividad, el bloqueo de este Chakra es indeseable en su totalidad y puede ser devastador en el peor de los casos. Para destruir un bloqueo de este Chakra, ten en cuenta que se pueden hacer los siguientes ejercicios:

- Si notas que no puedes hablar mucho, empieza hacer que tus palabras cuenten. Habla solo la verdad. Sé atrevido, honesto, y preciso en todo lo que digas. De esta manera, el bloqueo de este Chakra puede ser mitigado al mismo tiempo que te estas auto-enseñando el inmenso poder que la economía de las palabras puede proveer.

¿Has conocido a alguien en tu vida que hable muy poco, y aun así, cada palabra es importante, como si hubieran tallado esas oraciones con una navaja para dejar solo lo mas importante? Este ejercicio puede ayudarte a ser esa persona y revitalizar la Chakra de la Garganta.

- Ejercita tu creatividad. Escribir, pintar, esculpir, e incluso hacer collages con recortes de revista o con fotografías extras que tengas te pueden ayudar a despejar la mente. He aquí un objeto portable que quizá te recuerde a tu infancia... obtén una lata de plastilina Play-Doh en tu tienda local. Esta plastilina no tóxica para niños es portable, así que puedes llevarla en tu bolso o maletín, y si sientes una obstrucción en tus habilidades comunicativas debido a un bloqueo del Chakra de la Garganta, puedes tomarla y darle la forma que gustes. Lo que sea que te haga sonreír. De esta forma puedes capturar parte de la nostalgia de tu juventud, de cuando las energías creativas estaban en su mejor momento, y tenías menos preocupaciones del peso del mundo. Estos métodos son excelentes para fortalecer la Chakra de la Garganta.

1. **Chakra del Tercer Ojo**- Una conciencia espiritual, la capacidad de pensar con claridad y lógica, la intuición... el Chakra del Ter Ojo es igual de importante de mantener en tu vida que cualquiera de los otros 6 Chakras. El bloqueo puede resultar en varios padecimientos, como se mencionaron anteriormente en este capítulo, pero afortunadamente hay maneras de lidiar un bloqueo de este Chakra del Tercer Ojo. Intenta una o mas de lo siguiente para restaurar la energía a este importante centro de intuición:

- La visualización es uno de los aspectos de la mente que es afectada por el bloqueo del Chakra del Tercer Ojo. Un medio excelente pero poco convencional de sobre pasar esto es encontrar un lugar cómodo para sentarte para ejercitar la imaginación. ¿Qué es lo que imaginarás? Trata de imaginar lo absurdo. Sé que suena raro, pero esto no solo "ejercita" tus habilidades imaginativas, puede también romper el bloqueo de la visualización que estas experimentando. Imagina a un gato, sentado en un pastel, sosteniendo la bandera de tu país. Imagina una bicicleta corriendo cuesta abajo con un gran trozo de queso en el asiento. El imaginar lo que no te es familiar y lo absurdo puede fortalecer tus habilidades imaginativas y romper el bloqueo que estás experimentando con este Chakra. Una mejor y más refinada capacidad de imaginación es de gran ayuda para garantizar una meditación poderosa. Así que visualiza lo absurdo, y te sentirás satisfecho con los resultados.

- Rompecabezas, tales como crucigramas o el juego de Sudoku contribuyen a lograr un pensamiento lógico y estructurado. Es una manera divertida y móvil de energizar tu Chakra del Tercer Ojo diariamente.

- Meditación en el bosque, donde despejas tu mente pensamientos y absorbes solo lo que sientes del viento, los olores, y los sonidos (sin permitir que pensamientos te estorben, experimenta, sin ninguna narración) puede ser una excelente manera de lograr sentir una conciencia espiritual que no requiere de dioses o iglesias. Esto también fortalece la Chakra del Tercer Ojo.

- Lleva contigo un diario de tus intuiciones. Mantenlo en tu bolso, en tu laptop, mochila, o donde lo creas conveniente. Cuando sientas que necesitas hacer algo, escríbelo y después simplemente escucha a tu intuición y haz lo que creas correcto. Como experimento, resiste el ignorar a tu voz interior por una semana. Lo importante es escribir los resultados. ¿Tu intuición fue la correcta? Descubrirás en la mayoría de los casos, que sí lo fue.

1. **Chakra de la Corona-** La Chakra de la Corona actúa como la sede del poder espiritual. Controla la conciencia de las cosas que te rodean tanto en la micro como en la macro escala, es decir, gobierna los detalles que notas en monedas de tu colección, el reconocer cuando el patrón de un diseño se rompe, o a mayor escala, la

capacidad de predecir 5 o más movidas en el ajedrez, o el poder evitar placeres costosos y breves para poder ahorrar y construir un negocio que te sostenga en el largo plazo. Por ende, el bloqueo de este Chakra puede ser devastador. Lo siguientes métodos pueden fortalecerte para energizar tu Chakra de la Corona para tener controlado el bloqueo y la disonancia. Inténtalo y ve por ti mismo.

- Ejercicios semanales de atención plena: Encuentra un asiento cómodo por la ventana de tu casa o apartamento que te de una vista escénica o, salvo eso, ve a tu parque local cercano donde habrá muchas formas, colores, sonidos, y olores que absorber. Comienza tus ejercicios respiratorios para relajarte y empezar a absorber tus alrededores de una manera diferente y única. En lugar de asignar nombres a lo que ves, enfócate en sus figuras y texturas. En lugar de ver un perro y pensar en "Perro", intenta verlo como una serie de figuras. Un cuerpo tubular, 4 rectángulos que terminan en figuras con forma de "L" para las patas. ¿El pelaje es liso o esponjoso? ¿De qué color es? ¿Qué hay de los árboles? Algunos altos, otros bajos, columnas de café con terminaciones verdes o, si es otoño, de color naranja, rojo, y café. Practica el ver las cosas sumando sus partes, dividido en formas, olores, colores y sonidos. Al ver a una persona, en lugar de pensar "Es Joe", piensa, "Nariz triangular, cabeza cuadrada, piernas curvadas". Evita darles un nombre a las cosas y simplemente absorbe su esencia. Intenta hacer esto por 30 minutos o incluso 10, haciendo a un lado los nombres comunes de la mente mientras te concentras en las partes del reloj que las conforman. Esta meditación poderosa puede empoderar tu Chakra Coronal inmensamente. Si solo decides hacer un solo ejercicio de la lista, te recomendamos este. Es inmensamente poderoso.

- Medita ese punto de la Chakra Coronal de la misma primera manera en que se te enseño a meditar. Simplemente haz a un lado el enfoque de los otros Chakras y dirige toda tu atención a la Chakra Coronal que esta sobre tu cabeza. Mira una flor de loto blanca emergiendo del centro de la luz roja, haciéndose más y más grande, y siendo rodeada de más y más pétalos. La Chakra de la Corona es simbolizada con frecuencia como el Loto con 1000 pétalos, y así, esta meditación puede fortalecer tu asociación con este Chakra al mismo tiempo que la estás fortaleciendo.

- Considera una clase de Yoga. La Asana Invertida es una posición que está ligada a la Chakra Coronal. Haciendo esta posición diaria antes de ir a trabajar por las mañanas puede ayudarte a quitar el bloqueo del Chakra y fortalecerla en su totalidad para prevenir un bloqueo en primer lugar.

Bien, ahora que tenemos una base mas solida de los Chakras en su historia, significado, meditaciones y demás, en el siguiente capítulo nos enfocaremos en ejercicios de Chakra escogidos que puedes añadir en tu conocimiento de esta antigua ciencia poderosa. Después, te introduciremos al Kundalini como otro método alternativo de empoderamiento. Cuando estés, listo, procedamos.

7

EJERCICIOS DIVERSOS DE CHAKRA
Y MAS

*E*n este capítulo nos gustaría proporcionarte de mas meditaciones y herramientas a tu conocimiento del Chakra. Experimenta con los varios ejercicios y meditaciones y ten la libertad de personalizarlos como lo necesites en lo que vas obteniendo un entendimiento mas profundo del sistema del Chakra. De esta manera crecerás en salud y espiritualidad mas y mas en lo que desarrollas mas conocimiento de esta ciencia tan antigua.

Comencemos con maneras de llevar contigo un poco de energía Chakral para cuando la necesites.

Cargando Piedras Chakrales

1. Primero, necesitamos coleccionar una serie

de piedras, ya sea de la naturaleza (si es que tienes la suerte de tener una colección), de la tienda local de gemas y minerales, o de EBay si no quieres salir de casa. Las piedras apropiadas son las siguientes (Esto, definitivamente no es un listado completo, así que, si tienes o conoces de piedras del color apropiado, esas servirán perfectamente.) Obtén una de cada color y una caja o bolsa chica para llevarlas contigo (no tienen que ser finas, puede servir tanto un bolso de cuero como un bolso elegante de marca fina). Nota, este ejercicio también puede hacerse con joyas si cuentas con las piedras de colores apropiadas en caso que decidas portar las piedras Chakrales como prendas.

- **Rojo**- Rojo jaspeado, rubí, heliótropo (Esta piedra es roja y verde, así que escoge piezas que sean predominantemente rojas), rojo garnate, rododendro, y el rojo Coral.
- **Naranja**- naranja Sunstone, Carnelian, Corralina, Ágate, naranja zafiro, espesartina, hessonita, citrino, y ámbar.
- **Amarillo**- Amarillo citrino, amarillo canario

turmalina, amarillo Beryl (también llamado dorado), oro, pirita (el oro de los tontos), crisoberilo, zafiro amarillo, y cuarzo de limón.

- **Verde**- Ágate verde, calcedonia, garnate verde, verde aventurina, crisoprasa, verde apatita, esmeralda, amazonita, jade, heliotropo, hiddenite, peridoto, y serpentino.

- **Azul**- Labradorita, acuamarino, azul topaz, azul zafiro, azul blue lace, azul apatita, aragonize, turquesa, azul aventurina, azurita, benitoíta, y celeste.

- **Índigo**- Tanzanita, índigo cristalino, sodalita, azurita, índigo labradorita, y lolita.

- **Violeta**- Amatista, violeta Apatita, violeta Sodalita. Una buena cantidad de minerales pueden encontrarse también en violeta, como la espinela, topaz, berilio, turmalina, baritina, y jadeíta.

1. Ahora que ya has colectado las 7 piedras, pasa tiempo estudiando a cada una, memorizando los detalles que más se queden en tu mente. Quizá algunas tengan un patrón interesante y/o único, o algún brillo particular en el color. Pon atención a la

textura también. ¿Son lisas? ¿Notas algunas líneas o grietas que puedas sentir con los dedos? Una vez que las hayas estudiado bien y guardarlas en la memoria podemos pasar al siguiente paso.

2. Procede con una variante de la primera meditación que se te enseño. Con cada punto Chakral, recoge la piedra correspondiente. Dedica unos momentos concentrado en visualizar la energía del punto Chakral. Observa la piedra, sentada en el centro de poder como si flotara en frente de ti o estuviera adherida a tu piel. Di el nombre Sanskirta de la Chakra mientras lo haces, repitiendo en intervalos conforme vas visualizando como se llena la piedra con la energía Chakral. Los nombres, de nuevo, son los siguientes:

- Chakra de la Raíz- Muladhara
- Charka Sacral-Svadhishthana
- Chakra del Plexo Solar-Manipura
- Chakra del Corazón-Anahata
- Chakra de la Garganta-Vishuddha
- Chakra del Tercer Ojo-Ajna
- Chakra de la Corona-Sahasrara

Cuando visualices a la piedra brillar con el mismo poder con el que vez al punto Chakral, colócala dentro de la caja o bolso, y después podrás proceder con la siguiente piedra.

1. Una vez que hayas energizado todas las piedras, y de alinearlas con tu energía Chakral, cierra esa caja o bolso. Has terminado! Cuando sientas que un Chakra en particular está bloqueado o desequilibrado ahora tienes una belleza que puedes llevar contigo para reforzar tus energías Chakrales. Velas como "Baterías del Chakra". Cuando sientas que su eficacia se está desgastando o están "perdiendo batería", simplemente dedica tiempo para repetir el ejercicio que acabas de aprender para re-energizarlas como sea necesario.

Después de la meditación que hemos proveído, pensamos que un poco de variedad podría necesitarse. En lo que adoptas el estilo de vida del poder Chakral (y no te engañes, cuando hayas aprendido la eficacia de este sistema querrás adoptarlo en tu estilo de vida) querrás incorporar esta sabiduría en varios aspectos de tu vida. Es por esto que hemos compilado un listado de alimentos asociados a los 7 Chakras para que puedas fortalecer tus energías a través de la asociación de los colores al mismo tiempo que nutres tu cuerpo con deliciosa comida. Velo como una estrategia culinaria para mantener balanceada o fortalecida un punto Chakral en específico.

Alimentos Chakrales

1. **Chakra de la Raíz**- Color: Rojo

- Fresas, cerezas, espagueti con tomate rojo o con salsa de carne. Pepinillos *Red Bell* en tu ensalada, tomate, manzana roja... Sé creativo. Hay muchos alimentos rojos que pueden satisfacerte mientras fortaleces al Chakra de la Raíz.

1. **Chakra Sacral**- Color: Naranja

- Naranja, mandarina, melón... todos buenos ejemplos. Si te gusta la comida china, el cerdo agridulce con salsa anaranjada y el Orange Chicken (pollo naranja) también son maneras deliciosas de llenar tu estómago y fortalecer tu Chakra Sacral.

1. **Chakra del Plexo Solar-** Color: Amarillo

- Plátano, squash amarillo, y elote son los principales ejemplos. Piña fresca y varios tipos de queso amarillo también son una manera saludable e inteligente de fortalecer tu Chakra del Plexo Solar a través del gusto.

1. **Chakra del Corazón-** Color: Verde

- Ensalada, brócoli, espinaca, pepinillo verde, manzana verde, quimbombó (y si eres de los estados sureños de Estados Unidos, el quimbombó frito está muy cerca del corazón), y el melón verde son todos buenos alimentos para fortalecer este Chakra.

1. **Chakra de la Garganta-** Color: Azul

- Un plato delicioso de moras azules es un aperitivo saludable que se alinea con el color de la Chakra de la Garganta.

1. **Chakra del Tercer Ojo-** Color: Índigo

- Frijol negro, y la ciruela son azules con tonos

de negro, y así, hacen una buena comida o botana con un color receptivo a tu mente de tus meditaciones respecto al Chakra del Tercer Ojo.

1. **Chakra de la Corona**- Color: Violeta

- Berenjena, zanahoria morada, uvas, col morada o rizada, son las matices correctas para alimentar a la Chakra Corona mientras te alimentas a ti mismo.

Ahora que ya tienes los suplementos necesarios para tu dieta y has creado una colección de piedras Chakrales, discutamos una meditación que puedes hacer con cristales para alinear tus Chakras.

Los cristales son medios poderosos para alinear tu Chakras. Por naturaleza, en los cristales mas finos obtienes una propiedad llamada "Estructura Cristalina", que viene siendo una alineación simétrica tridimensional de los átomos, y en todo el entorno del cuerpo del cristal. Con esto, tomamos ventaja de dicha simetría para obtener el equilibrio de nuestros Chakras con el siguiente ejercicio:

Alineamiento de Chakras con Cristales

1. Primero necesitamos obtener los cristales. Cada objeto de la lista inferior es un cristal que contiene las propiedades del color junto con la estructura cristalina, la cual es deseable para el alineamiento de tus Chakras. Estas pueden obtenerse fácilmente a través de eBay o una tienda de gemas o minerales.

- Chakra de la Raíz- Rojo- Cuarzo Rosa
- Chakra Sacral- Naranja- Cristal naranja calcita
- Chakra del Plexo Solar- Amarillo- Cristal citrina amarillo
- Chakra del Corazón- Verde- Cristal dioptasa
- Chakra de la Garganta- Azul- Cristal celestina (también conocido como celestita)
- Chakra del Tercer Ojo- Índigo- Cristal tanzanita (busca los tonos azul oscuro / negro índigo)
- Chakra del Corazón- Cristal amatista

1. Una vez obtenidos los cristales, cuando estés listo para empezar a limpiarlos, colócalos brevemente en una solución de agua con sal para purificarlos, después se limpian con

agua fría una vez que la sal haya hecho su función de purificar, así terminas con una pieza de cristal libre de residuos, limpio y purificado.

2. Encuentra un espacio confortable en tu casa o en la naturaleza (llévate un *sleeping bag* para acostarte por si no tienes una superficie suave, el patio trasero está bien si no cuentas con un lugar privado en un bosque cercano).

3. Acuéstate boca arriba y comienza tus ejercicios respiratorios para entrar en un estado de relajación y receptivo.

4. Empieza colocando los cristales en tus puntos Chakra, recitando el nombre Sanskrit de cada uno al colocar el cristal. La Chakra de la Corona irá por encima de tu cabeza, pero todas las demás irán sobre tu cuerpo. Haz esto lentamente, visualizando el brillo de la luz de cada punto Chakra, cómo ilumina el cristal que conduce la energía como ese circuito antiguo que es. Visualiza el punto Chakra en tu cuerpo adquirir la simetría de la estructura cristalina, y como las energías se van alineando en tu cuerpo.

5. Déjalos en su lugar y concéntrate en visualizar todas las Chakras juntándose y

formando una simetría compleja.
Tradicionalmente es visto como una serie de halos circulares alrededor del cuerpo, pero deja que tu imaginación escoja la forma que tome. Quizá veas tus energías Chakrales como un gran cristal abarcándote, con capas perfectamente alineadas, y con todos los colores apropiados. Sigue tu intuición y creatividad personal.

6. Acuéstate por 5 a 10 minutos y después mueve los cristales, colocándolos en un lugar seguro. Te recomendamos obtener una caja solo para ellos, ya que no los estarás transportando y solo deberán usarse para este ejercicio de alineación en específico.

Ahora que hemos explorado un ejercicio básico con cristales, introduzcamos otra manera que puedes estimular tus puntos Chakra. La aromaterapia ha sido usada por miles de años como un medio para mejorar la salud y bienestar mental. Pues bien, resulta que también aplica para la estimulación de los Chakras. A continuación hay un listado de aceites esenciales que puedes usar para estimular varios puntos Chakra.

Aceites Esenciales para el Chakra

1. **Chakra de la Raíz**

- Rosewood
- Frankincense
- Patchouli

1. **Chakra Sacral**

- **Cardamom**
- **Jasmine**
- **Clary Sage**

1. **Chakra del Plexo Solar**

- Juniper
- Hyssop
- Pine

1. **Chakra del Corazón**

- Ylang Ylang
- Bergamot
- Rose

1. **Chakra de la Garganta**

- Blue Chamomile
- Peppermint
- Lavender

1. **Chakra del Tercer Ojo**

- Lemon
- Rosemary
- Sandalwood

1. **Chakra de la Corona**

- Rosewood
- Frankincense
- Neroli

Alternadamente, las sales de baño de los mismos aromas son también una forma maravillosa de estimular tus Chakras mientras te relajas. También puedes ungir tus piedras Chakrales con estos aceites para agregar un poco de carga adicional o para fines de olfato en tus meditaciones con Chakras específicos. Los aceites esenciales son una excelente adición a su creciente colección de herramientas para mejorar y desbloquear tus Chakras, así que considera adquirirlos lo antes posible.

Ahora que hemos repasado algunas bases del Chakra para que comiences, vamos a proceder y discutir otro medio para engrandecer tu vida.

Kundalini. ¿No sabes lo que es? No te preocupes. En el próximo capítulo veremos exactamente lo que es el Kundalini, un poco sobre su historia, y lo que puede hacer por ti. Procedamos al Capítulo 8.

8

ENERGÍA KUNDALINI- HISTORIAL DE ANTECEDENTES Y ENTENDIENDO EL KUNDALINI

Y bien, hemos aprendido ya sobre las energías Chakrales, ahora es momento de aprender de otra energía poderosa que puedes aplicar en tu vida de muchas, muchas maneras. Estamos hablando, por supuesto, del Kundalini. Entonces, ¿qué es el Kundalini?

El Kundalini es referido con frecuencia como la "Serpiente de Poder", ya que es una energía que se enrosca 3 veces y media en la base de tu columna, terminando en el hueso sacro. Interesantemente, los Egipcios y los Griegos consideraban el hueso Sacro metafísicamente significativo. Es el último hueso en quemarse durante la cremación e incluso el nombre Latino, "Os Sacrum", sugiere que está relacionado con lo divino.

Tu energía Kundalica se enrosca a la base de tu columna y nutre el Árbol de Vida dentro de todos nosotros y puede ser usado en conjunto con tus Chakras o incluso por su propia cuenta. Es considerada una energía femenina. Y, ¿para qué puede ser usada? Exploraremos un poco sus aplicaciones en este capítulo, seguido por un capítulo que te enseñará a prepararte para un despertar Kundalico. Después procederemos con ejercicios que puedes utilizar. Primero, sin embargo, comencemos con un poco de historia y etimología del Kundalini.

El Kundalini, al igual que las Chakras, fue mencionado por primera vez en los Upanishads. Esto significa que se remonta desde 1000 y 1500 a.C. La raíz Sanskrita del nombre, "kundalini", significa literalmente "circular", reflejando la bobina de enrgía de donde el "Poder Serpentino" es formado. Se dice que la energía sale de la Chakra de la Raíz al despertar, se enreda desde la columna hasta por encima de la cabeza. Entonces, ¿qué es un despertar Kundalino? Dicho de una manera sencilla, es el momento en tu vida cuando la energía Serpentina se vuelve activa. Esto puede manifestarse de varias maneras y, desafortunadamente, no todas son placenteras. Dicho esto, el reconocimiento de un despertar Kundalino puede ayudarte a dirigir tu atención hacia el desarrollo de este poder para poder utilizarlo solo para fines benéficos.

Ahora, ¿cuáles son las señales de un despertar Kundalino? Hay varios de ellos que enlistaremos. Cabe mencionar, que si has experimentado un despertar, tienes mucha, mucha suerte. Menos de la mitad de las personas en el mundo experimentarán una. Aprovecha este regalo y desarrolle esta energía y tu vida será más rica y plena. Dicho esto, aquí hay algunas señales de que podrías estar experimentando un Despertar Kundalino:

- Una repentina conciencia de un destino. Descubres que sabes exactamente lo que deseas hacer con tu vida. Lo que será más gratificante y propicio para la felicidad y el crecimiento personal. Esto puede golpearte de la nada y es una señal poderosa de un despertar Kundalino. Dicho esto, lo inverso también puede ocurrir, como en nuestro siguiente ejemplo.

- Tu vida se desmorona de repente. Todo lo que te funcionó en tu vida "anterior", todos los trucos y métodos utilizados para hacer frente y triunfar te están fallando de repente. Esto no es necesariamente algo malo, pero puede ser algo muy fuerte. Necesitarás revisar varios aspectos de tu vida para decidir qué necesitas eliminar. Este es el comienzo de tu viaje para volverte la persona en la que te estás convirtiendo. Se necesitará valor y el apoyo de amigos, pero si puedes mantener a raya tus miedos y seguir adelante, saldrás mejor por ello

- Puede producirse ansiedad e insomnio debido a repentinas explosiones de energía. Las manifestaciones físicas pueden incluir temblores. Es probable que los médicos no tengan idea de qué hacer o podrían recetarle medicamentos que en realidad no necesites. En tales casos de un despertar violento de tipo Kundalini, querrás examinar tus energías tanto del Chakra como del Kundalini a través de meditaciones para que puedas aprender a conducir mejor el flujo de estas energías repentinas.

- Puede ocurrir una intuición poderosa y un entendimiento espiritual con la que no contabas anteriormente. Por lo general, se manifestará periódicamente en ráfagas rápidas, como saber por instinto que alguien sería tóxico o benevolente para ti o podrías experimentar meditaciones ocasionales que tienen más poder que el experimentado anteriormente. Esto es algo que querrás cultivar y te diremos varias formas en que esto se puede lograr en el siguiente capítulo.

- Puede ocurrir una experiencia repentina de felicidad divina. De pronto comprendes, aunque solo sea por un breve momento, tu lugar en el universo y todo lo demás. Este es uno de los signos más poderosos de un despertar de Kundalini.

- Puedes sentir energía o un calor intenso que se eleva desde la base de tu columna vertebral hasta tu Chakra de la Corona. Esto puede ocurrir durante una meditación particularmente poderosa, o incluso en un momento aparentemente aleatorio, como cuando estás disfrutando de la naturaleza.

- Es posible que haya un aumento en la sensibilidad. Quizá descubras que puedes identificar todos los ingredientes individuales de los alimentos que estás consumiendo. Es posible que de pronto tengas en tu poder una visión repentina o una conciencia avanzada similar hacia los comportamientos de las personas en tu vida.

Comienzas a notar las energías de lugares particulares, tanto en lugares buenos como malos. Esta es otra gran señal de un despertar Kundalino y un indicador de que debes comenzar a desarrollar estas energías de inmediato.

- De pronto te ves obsesionado con probar cosas nuevas. Quizá sientas de repente ganas de hacer paracaidismo, o sentir la necesidad de comenzar a ir al gimnasio regularmente. Tal vez se manifieste en un impulso repentino de viajar que pareciera no poder desaparecer. Esta es otra señal poderosa de que tu poder Serpentino ha despertado.

- De pronto te das cuenta que es tu Ego el que te ha estado frenando todo este tiempo. Esto es bueno, ya que te da la oportunidad de soltarte para conectarte mas con la vida que te rodea.

Ahora que hemos descrito algunos síntomas que pueden indicar que has tenido un despertar de Kundalini, hablemos un poco sobre sus usos. El Kundalini se puede utilizar para manipular la energía Chakral, por ejemplo. A través de los mantras del Kundalini, también se puede lograr una serie de cosas, como la protección contra el daño, un incremento en la creatividad y la dispersión del miedo y la ansiedad. Aquí hay algunos otros beneficios de un Kundalini despierto que puedes experimentar:

- Liberación de pensamientos reprimidos y 'bagaje' emocional.
- Un estado elevado de conciencia.
- Es posible que envejezcas más lentamente, conservando un aspecto más juvenil del que tendrías si tuvieras un envejecimiento ordinario.
- Puede surgir un mayor sentido de percepción, donde eres más sensible a las imágenes, los sonidos, los olores y los colores.
- Una fuerte sensación de paz puede entrar en tu vida.
- Puedes experimentar una mayor conexión espiritual con las personas y los lugares que le rodean.

Estos son solo algunos de los beneficios que podrían ocurrir con un Chakra Despierto. En nuestro próximo capítulo, hablaremos de la preparación para despertar tu Kundalini, para que puedas estar listo. Como mencionamos en este capítulo, cuando la energía se despierta, puede ser una experiencia bastante poderosa, por lo que queremos asegurarnos de que estés completamente preparado. Es muy importante que no omitas estos pasos o podrías experimentar algunos de los síntomas negativos que hemos discutido anteriormente. Practica la paciencia y pronto podrás experimentar tu despertar Kundalino para que puedas empezar a practicar la manipulación de esta poderosa energía. Pasemos al siguiente capítulo para que podamos prepararte.

9

PREPARATIVOS Y PASOS PARA LIBERAR EL PODER DE LA SERPIENTE

*S*i aún no has experimentado un despertar de Kundalini, hay maneras de preparar tu cuerpo y mente para estar preparados y receptivos a su liberación. En este capítulo vamos a discutir estos preparativos para que estés listo cuando la energía Serpentina se despierte dentro de ti. Primero, veamos los preparativos del cuerpo

Preparación del Cuerpo

La preparación del cuerpo es relativamente sencilla. Aquí hay 3 elementos en los que debes enfocarte para asegurar que tu cuerpo esté preparado.

- Haz ejercicio durante una semana antes de

proceder para que tu cuerpo sea un conducto más saludable para las energías.

- Trata de evitar la comida chatarra, aférrate a las ensaladas y otras comidas más saludables.
- Practica tus ejercicios de respiración. Querrás asegurarte de poder seguir los patrones de respiración adecuados sin tener que contar conscientemente los momentos en los que inhalas, sostienes y exhalas.

Preparación de la Mente

Es importante que prepares tu mente para el despertar de tus energías Kundalini. Esta es una lista más grande de artículos, ya que es muy importante tener la mente en orden para que puedas ser receptivo a las energías que se agitarán con tu despertar Kundalino y evitar mejor algunos de los escollos. Hay cosas que querrás hacer:

- Una semana de meditación diaria. No necesitas concentrarte en esta meditación, solo una limpieza de la mente. Calma todos tus pensamientos y simplemente permítete escuchar, oler, escuchar y sentir el mundo que te rodea. Esto te relajará y tendrás una mentalidad adecuada para continuar.

- Muestra seriedad en tu intento de despertar tu Kundalini. Esto no es algo que pueda quedarse a mitad del camino y esperar que te cambie la vida, por lo que debes ser serio en tu intención y firmeza en creer que esto es <u>exactamente</u> lo que quieres hacer.

- Mantén la mente libre de conflictos emocionales. El despertar del Kundalini puede ser una experiencia discordante y si no eres capaz de lidiar sentimientos como la ira, los celos o la preocupación, entonces aún no estás listo.

- No prestes atención si alguien te ridiculiza por querer hacer esto. Hay escépticos y otras personalidades tóxicas en todas partes, minimiza el contacto con estas personas cuando te sea posible. Sabes lo que es mejor para ti.

- Equilibra tu energía del Chakra con anticipación para que no haya bloqueo. Piensa en la energía Kundalini como un generador de poder. No querrás conectarlo si algunos de los circuitos ya estaban fritos, así que asegúrate de realizar la meditación para equilibrar tus Chakras antes de proceder.

- Comprende que la energía puede manifestarse destructivamente al principio. Esperemos que este no sea el caso, pero como se mencionó anteriormente en la lista de síntomas del despertar de Kundalini, a veces puede resultar en ansiedad u otros 'efectos secundarios' indeseables. Estate listo para meditar o tener a la mano tus cristales para la alineación de los Chakra en caso de ser necesario. Pero sobre todo, no te preocupes. Hay una gran variedad de reacciones que uno puede obtener al despertar de esta energía, y lo más probable es que sea una reacción positiva, aún así, estate preparado

Una vez que te hayas preparado por una semana con los pasos que hemos descrito, deberás estar listo para comenzar la experiencia inicial. Si tu Kundalini no se despierta la primera vez que lo intentas, no te preocupes. Siempre puedes volverlo a intentar o, si es necesario, buscar la ayuda de un Gurú que te ayude a despertar esta energía si está demostrando ser realmente resistente. Si tieneS que volver a intentarlo, esperA unas semanas antes de hacerlo. Es importante no intentar forzar esta energía para que esta despierte. Si no responde, podría haber un problema mental o espiritual que debe abordarse antes de poder liberar esta energía de una manera segura.

Ahora que estamos preparados, procedamos. Comenzaremos con un primer paso necesario para Acceder a tu Canal Central para que la energía tenga un lugar adonde ir (más sobre eso en breve). Seguiremos esto con técnicas que podrás usar para despertar tu energía Kundalini.

Accediendo al Sushumma Nadi (tu Canal Central)

Tu Canal Central es el Nadi, o 'canal de energía', que está asociado con tu crecimiento espiritual. Es importante fortalecer este canal, ya que será utilizado por tu energía Kundalini. Los medios para activar este canal son los siguientes:

1. Ve a tu lugar de meditación cómodo favorito. Siéntate, cierra los ojos y comienza tus ejercicios de respiración.
2. Concéntrate en tu Sacro (en la base de la columna vertebral, cerca del coxis). Haz esto hasta sentir un palpitar o una vibración de energía. Una vez que la hayas encontrado, comienza a repetir el siguiente

mantra. Sa Ta Na Ma. Este mantra se llama
Panj Shabad (y hablaremos más sobre
mantras en el próximo capítulo, solo para
que lo sepas). Se traduce como "Infinito,
Vida, Muerte, Renacimiento" y es
ampliamente utilizado por los practicantes
del Kundalini.

3. Siente la energía vibrante mientras se mueve
   lentamente por tu columna vertebral.
   Visualiza la energía que llena tus áreas de la
   pelvis y abdominales. Deja que la energía
   empuje cuando parezca alcanzar su límite.
   Véalo aumentar en capacidad y tamaño.

Ahora que has preparado este centro espiritual,
estamos listo para proceder a las técnicas.

Técnicas para Despertar la energía Kundalina

1. Comienza tus ejercicios respiratorios, pero
   vamos hacer algo diferente. Querrás
   visualizar tu respiración como poder,
   subiendo desde tu Chakra de la Raíz
   mientras inhalas, yendo después hacia el
   Chakra Sacral, yendo después al Chakra del
   Plexo Solar. Deja que continúe hasta el
   Chakra del Corazón, el Chakra de la

Garganta, tu Chakra del Tercer Ojo y finalmente, al Chakra de la Corona.

2. Manten la energía en la Chakra Coronal por unos momentos (dependiendo de tu patrón de respiración elegido), y luego cuando exhales, repita el proceso en reversa mientras recitas el Mantra 'Sat Nam' (Uno de los Mantras más utilizados , esto se traduce como 'La verdad es mi Identidad'). Permite que el poder pase de tu Chakra de la Corona a tu Chakra del Tercer Ojo y luego al Chakra de la Garganta. Deja que continúe hacia el Chakra del Corazón, el Chakra del Plexo Solar, el Chakra Sacro y, por último, el Chakra de la Raíz.

3. Como el Despertar del Kundalini es por lo general realizado por un Gurú, vamos a hacer una pequeña visualización creativa en un intento de negar este requisito. Visualiza a alguien en tu vida o a alguien quién hayas leído sobre y que consideres un gran maestro espiritual. Esto alineará sus energías con las tuyas. Menciona su nombre mientras inhalas y exhalas. Si te sientes incómodo con esto, puedes decir 'Ilumíname' en su lugar. Siente cómo la energía de la Serpiente se

desenvuelve a medida que sube por tu cuerpo, potenciando tus Chakras y llenándote de energía.

En caso de que no obtengas los resultados a través de este método en particular, ahora que has accedido a tu Sushumna Nadi, hay formas en que puedes intentar convencer a un Despertar con menos prisa. Aquí hay algunas técnicas más para ti:

- Si estás familiarizado con el Yoga de Kundalini, puedes practicar Asanas. Las asanas son una excelente manera de promover un despertar Kundalini (y también son útiles para muchas otras cosas).
- Consigue música meditativa y danza al escucharla. Deja que la música guíe tu danza. El estado mental que produce te conduce a un despertar de Kundalini.
- Una meditación diaria puede preparar a uno para el despertar del poder Serpentino.
- El canto de Mantras puede alentar un despertar de Kundalini (y son buenos para muchas cosas diferentes, como veremos en el próximo capítulo)
- Concéntrate en 1 hora al día en tus

pasatiempos o intereses después de realizar
la meditación Sushumna. Esto produce un
enfoque en tu ser y también puede llevar a
un despertar de Kundalini lento y poderoso.

Ahora que hemos discutido los preparativos y
técnicas que pueden emplearse para inducir un
despertar de Kundalini, pasemos al Capítulo 10
"Meditación estilo Kundalini y otros Ejercicios". Allí
hablaremos de meditaciones y mantras que pueden
ayudarte a fortalecer y hacer crecer tu energía
Kundalini, así como también discutiremos una serie
de aplicaciones diferentes que también puedes usar
en tu vida. Sigamos ahora y aprendamos más.

10

MEDITACIÓN ESTILO KUNDALINI Y OTROS EJERCICIOS

*E*n este capítulo te enseñaremos algunas meditaciones y Mantras que podrás usar para ejercer tu poder de la Serpiente. Hay una variedad de cosas que puedes hacer con esta energía e incluiremos ejemplos de diversas maneras a medida que avancemos en este capítulo.

Entonces, ¿qué son las Mantras? ¿Cómo los aprendo y uso? Primero, te vamos a enseñar una técnica de aprendizaje que lo ayudará a aprender Mantras (y cualquier otra cosa que desees aprender, en realidad) de una manera rápida.

Aprendiendo Mantras

Te presentaremos una técnica de variación fácil que

simplifica el aprendizaje. Este método de aprendizaje se llama 'Súper aprendizaje' e implica el uso de la música para abrir el hemisferio izquierdo de tu cerebro, el lado de la creatividad, mientras que el lado derecho, el de la lógica, también aprende. Las cosas que se aprenden de esta manera no se olvidan pronto. Necesitarás una grabadora (tu computadora portátil funcionará para esto o bien puede usar tu teléfono celular).

Aquí están los pasos:

- Grabarse recitando el Mantra o Mantras que deseas aprender. Habla con modulación en tu voz. Algunas veces di las palabras con un tono agudo, otras veces con un bajo estruendo. Es importante que la modulación de tus patrones de voz sea variada. No hables en tonos uniformes, más bien, mueve tu voz hacia arriba y hacia abajo en tono y espectro.
- Toca algo de música, preferiblemente instrumental, para que no te encuentres cantando inadvertidamente.
- Siéntate cómodamente y comienza tus ejercicios de respiración.
- Escucha la grabación mientras se reproduce

la música. Repite las palabras que escuchas. La combinación de la música y los patrones de voz modulados te ayudarán a recordar con una capacidad mejor y más potente.

- Una vez que conoces los Mantras de memoria, estás listo para proceder a meditar más profundamente.

Ahora que sabe cómo aprender de los Mantras para poder integrarlos en tus Meditaciones, aquí hay algunos Mantras que puede usar. Hay más disponibles que puedes buscar, pero considera esto una introducción, algo para comenzar, hasta que estés listo para más. Incluso el dominio de lo que hemos proporcionado aquí agregará un inmenso poder a tu vida; de hecho, es posible que no necesites nada más, pero la experiencia nos muestra que alguna vez buscarás aprender más. Tal como deberías.

Sin más preámbulos, aquí están tus Mantras iniciales:

Mantras

Mencionamos Mantras anteriormente, pero en realidad aún no hemos entrado en ellos con ningún detalle. Entonces, ¿qué es un mantra? Un mantra es una "expresión sagrada", que se cree que tiene poder psicológico o espiritual. Por lo general, las palabras en el idioma sagrado indio Gurmukhi, se dice que estas palabras tienen poder, incluso cuando se desconoce el significado por la persona quien las pronuncia. Te hemos compilado una lista larga de Mantras, algunos de uso muy extendido por los practicantes de Kundalini y otros un poco más oscuros. Sirven para varios propósitos, como verás. Intenta agregar Mantras a tus meditaciones para enfocarte directamente y lograr los efectos deseados.

1. **Mantra:** "Om"

Traducción: No se le da ni una traducción, se dice que "Om" es el primer sonido que se escuchó al comienzo de la existencia del universo.

Propósito: Posiblemente la palabra Mantra más conocida en esta lista, Om es una poderosa palabra sagrada que puedes usar durante tus meditaciones. Cuando menciones la palabra, ve los puntos Chakra fortaleciéndose, comenzando desde la Raíz y hasta la Corona. También se dice que este Mantra aumenta sus habilidades de comunicación, ya que desbloquea y fortalece el Chakra de la Garganta.

1. **Mantra:** "Akal, Maha Kal"

Traducción: Inmortal, Gran muerte.

Propósito: Este poderoso Mantra tiene como propósito eliminar el miedo y la ansiedad a través del relajamiento de la mente. Úsalo según sea necesario si sufres de ansiedad y estás seguro de ver mejoras.

1. **Mantra:** 'Ong Namo, Guru Dev Namo'

Traducción: "Invoco la sabiduría divina"

Propósito: Utilizado tradicionalmente antes de una sesión de Yoga de Kundalini, este Mantra también puede emplearse antes de tus sesiones de meditación estándar. Se cree que sintoniza la mente del practicante con la sabiduría.

1. **Mantra:** 'Ong Sohung'

Traducción: "Yo soy la conciencia creativa"

Propósito: Esta Manta puede usarse para estimular la creatividad y abrir el Chakra del Corazón.

1. **Mantra**: 'Wahe Guru'

Traducción: 'El éxtasis de la indescriptible sabiduría divina'

Propósito: Este Mantra representa el éxtasis de la sabiduría divina. Puede usarse para aumentar las habilidades organizacionales de uno, y para ayudar en la auto-transformación. Usa este Mantra en las meditaciones al principio de tu práctica del Kundalini para ayudarte a desarrollar tus habilidades más rápidamente a medida que te vuelvas más experto en la manipulación de energía de Chakra y Kundalini. Este mantra también eleva la energía del espíritu.

1. **Mantra:** 'Sat Nam'

Traducción: "La verdad es mi identidad"

Propósito: Este es un poderoso Mantra, a veces descrito por la relación entre la semilla y el árbol. La semilla es joven y, sin embargo, contiene toda la sabiduría y majestuosidad del gran árbol en el que se está convirtiendo. La invocación de este Mantra en la meditación puede ayudar a concentrarte en tu destino, así como en el despertar de tu energía Kundalini.

1. **Mantra:** "Har"

Traducción: 'El infinito creativo'

Propósito: Este Mantra puede usarse en tus meditaciones para inspirar la creatividad. Concéntrate en su Chakra Sacral para impulsarlo con este Mantra y tendrás una sobreabundancia de creatividad para aprovechar tus planes y proyectos.

1. **Mantra**: 'Hum Dum Har Har'

Traducción: "Somos el Universo, el Infinito Creativo"

Propósito: Promueve la paz y la tranquilidad, así como la estimulación de los Chakras del Sacro, del Tercer Ojo, y de la Corona. Usa este Mantra para estimularlos para el enfoque específico de estos tres Chakras y tu energía Kundalini.

1. **Mantra**: 'Prana, Apana, Sushumna, Hari.
   Hari Har, Hari Har, Hari Har, Hari '

Traducción: Prana es energía vital. Sushumna, como mencionamos antes, es el canal central, y Har es el Infinito Creativo.

Propósito: Este es un poderoso Mantra para la sanación. En tus meditaciones, mientras cantas el Mantra, siente como la energía curativa fluye desde tu columna vertebral y se mueve hacia las áreas afectadas que deseas sanar. Estas energías pueden ayudarlo a sanar más rápidamente, así que asegúrate de aprender y usar este Mantra con frecuencia.

1. **Mantra**: 'Ad Guray Nameh, Jugad Guray Nameh, Sat Guray Nameh, Siri Guru Devay Nameh'

Traducción: "Me inclino ante el maestro principal quién nos lleva a la inspiración divina, me inclino ante las antiguas sabidurías, me inclino ante la verdadera y oculta sabiduría".

Propósito: Este es un Mantra protector. Cuando sientas que estás siendo contaminado por personalidades tóxicas o si estás padeciendo de ansiedad e invocas protección espiritual, usa este Mantra en una meditación. Observa una poderosa luz blanca que te rodea mientras recitas las palabras. Este es otro buen Mantra para memorizar.

1. **Mantra**: 'Gobinde, Mukunde, Udare, Apare, Haring, Karing, Nirname, Akame'

Traducción: 'Sustentador, Libertador, Iluminador, Infinito, Destructor, Creador, Sin nombre, Sin Deseo'

Propósito: Este Mantra funciona con meditaciones del Chakra del Corazón, ayudándote con la empatía, paciencia, tolerancia y compasión. También se dice que da un equilibrio a las desarmonías del cerebro. Usa esto para lograr la compasión y el enfoque mientras fortaleces tu Chakra del Corazón con este poderoso Mantra Kundalini.

1. **Mantra:** 'Sat Narayan, Wha He Guru, Hari Narayan, Sat Nam'

Traducción: Hari Narayan es "sustento creativo", y "Narayan" representa las formas infinitas que el agua puede adquirir.

Propósito: Este Mantra Kundalini puede ser evocado para promover la sanación y la claridad de pensamiento. Si ha ocurrido algo traumático o impactante y te sientes desequilibrado, invoca este Mantra en la meditación para centrarte y fortalecer la salud de tu cuerpo.

1. **Mantra**: 'Ek ong kar sat nam siri wha hay guru'

Traducción: Traducción mas próxima, "El Creador y la Creación son uno en el éxtasis y la dicha de la sabiduría".

Propósito: Conocido como el 'Adi Shakti', se dice que este Mantra abre a uno hacia la conciencia infinita del universo. Este Mantra puede usarse para energizar el Plexo Solar y reducirr las cadenas del ego, abriéndote más al universo.

1. **Mantra**: 'Ra Ma Da Sa Sa Say Sohung'

Traducción: Desconocido

Propósito: Este Mantra estimula los factores curativos de tu cuerpo y mente a través de la energía Kundalini.

1. **Mantra**: 'Sa Re Sa Sa'

Traducción: desconocido

Propósito: Este Mantra se usa para eliminar la negatividad a través del poder del Infinito Creativo.

1. **Mantra**: 'Har Har Har Har Gobinday'

Traducción: Desconocido

Propósito: Este Mantra se puede usar para disipar la negatividad asociada con la contemplación excesiva del pasado. Usa este para superar los temores relacionados con lo que eras antes para poder avanzar hacia lo que serás.

1. **Mantra:** 'Dhan Dhan Ram Das Gur'

Traducción: Desconocido

Propósito: Este Mantra invoca la guía espiritual a través de las energías del Guru Ram Das. Ram Das fue un poderoso Sikh Guru del siglo XIV (definitivamente vale la pena buscarlo en google). Como se mencionó en capítulos anteriores, la alineación con las energías de un gran maestro puede ser beneficioso. Este mantra en particular se usa para invocar milagros en situaciones en las que no pareciera haber una solución posible.

1. **Mantra:** 'Chattar Chakkar Varti'

Traducción: Desconocido

Propósito: Este es un poderoso Mantra para invocar valor. Cuando la ansiedad o los miedos te acosen, encuentra un lugar cómodo para sentarte y meditar mientras recitas este Mantra. Te fortalecerá para tener éxito mediante el destierro de tus miedos y preocupaciones.

1. **Mantra**: 'Ek Ong Kar'

Traducción: "El Creador y la Creación son uno"

Propósito: Este es un Mantra que puede usarse para alentar un despertar Kundalini. Aumenta la conciencia universal y la armonía espiritual. Este Mantra a menudo se entrelaza con otros Mantras para aumentar estos aspectos de las aplicaciones del Mantra.

1. **Mantra:** "Ardas Bhaee Amar Das Guru, Amar Das Guru, Ardas Bhaee, Ram Das Guru, Ram Das Guru, Ram Das Guru, Sachee Sahee".

Traducción: Desconocido

Propósito: Este es otro Mantra que invoca las energías iluminadas del Guru Ram Das. Se usa como un mantra de oración, utilizado para combinar las energías del espíritu, el cuerpo y la mente en un enfoque combinado para lograr el resultado por el cual estás orando.

No todos los Mantras necesitan estar en Gurmuhki, también puedes usar Mantras en Español que hayas hecho tú mismo o sacado de citas que has encontrado particularmente auspiciosas, inspiradoras o que contengan otros significados particulares para ti. Por ejemplo:

1. **Mantra**: 'Primero fui tres personas. Quién era, quién soy y en quién me estaba convirtiendo. Ahora soy todo y nada.

Propósito: Use este Mantra para promover el crecimiento personal y en una unificación con el universo. Mientras recitas las palabras, deja que tu ego se vaya de ti. Cierto ego es bueno, ya que te impulsa, pero un ego sobre desarrollado puede detenerte. Sé humilde y dispuesto a aprender lo que el universo tiene para enseñarte.

2. **Mantra**: "Si me preocupo toda la noche, estaré

cansado por la mañana cuando deba enfrentar este problema".

Propósito: Basado en un viejo dicho Vikingo: "Si pasas toda la noche preocupándote por la batalla, estarás cansado por la mañana cuando sea hora de luchar". Esta poderosa afirmación puede ayudarte a eliminar la ansiedad. Repite el original o la variación que te hemos enseñado mientras visualizas la ansiedad abandonando tu cuerpo durante esta meditación. Esto puede ayudarte a adquirir la paz que necesitas para superar los obstáculos en tu camino.

3. **Mantra:** 'Deseo aprender. Entiendo que no sé nada, pero me enseñaré a escuchar.

Propósito: Recita esto mientras visualizas cada uno de los Chakras. Di sus nombres Sanskritos mientras realizas la primera meditación de los Chakras que te proporcionamos. Manten todos los demás pensamientos fuera de tu mente. En cambio, escucha el silencio y date permiso de aprender en un nivel más primitivo y fundamental. El lenguaje del espíritu no siempre puede expresarse en palabras, aunque a veces surge el poeta ocasional de vez en cuando que puede hacerlo. Una vez que lo comprendes, no importa si puedes ponerlo en palabras o no. Lo único que importa son los resultados y una comprensión profunda de los Chakras y del "yo".

4. **Mantra:** 'La simplicidad es la clave. El silencio ruge. El Sabio aprenderá que es sabiduría.

Propósito: La tranquilidad y la lógica no necesariamente hacen buen juego. Esa es una razón por la que a menudo envidiamos a los ignorantes. Parecen muy felices La razón es que, debido a su naturaleza, no piensan demasiado en las cosas. Aprender a dejar de lado tus preocupaciones, el ego y tu enfoque puede enseñarte cómo reconocer las variables que se encuentran justo al borde de tu percepción. Contempla esto. Pon un alto a tu mente y a tu lógica, por una vez. Un poco de nostalgia es probablemente el mejor ejemplo de este modo de pensar. ¿Recuerdas los dibujos animados de El Correcaminos? Wile E Coyote perseguía al Correcaminos por todas partes, a veces incluso siguiendo un rastro falso desde un acantilado. Nunca caía hacia abajo hasta que el Correcaminos le señalaba que estaba flotando en el aire, y que ya no en tierra. Haz a un lado la rigidez de reglas y el pensamiento ordenado, y tu mente y espíritu también pueden flotar. Es absurdo, pero profundo, muy parecido al resto de la vida. Pruébalo por ti mismo y verás los beneficios de la disociación. La Felicidad Divina yace en ser todo ... y nada.

5. **Mantra**: 'Los poderosos arboles de roble sobre todos nosotros. Una vez, solo fue una bellota, como yo.

Propósito: Este Mantra nos recuerda que un profundo crecimiento espiritual puede lograrse al convencer a las pequeñas brasas de un deseo de ser más sabios y más espirituales. Lo que fue alguna vez solo carbones quemando despega la imaginación y arderá, transformando la escoria del yo de los materiales en combustible y transformando aún más el espíritu en la energía salvaje que puede ser, como el Fuego. Mientras meditas sobre esto, mírate transformándote en la bellota (o una semilla de tu elección si tienes una planta que es sagrada para ti). Con humildad, entras en la oscuridad de la Tierra. Observa los cielos que están sobre ti al mismo tiempo que ves la prisión nutritiva a la que te has consignado, con el conocimiento y la sabiduría de que sabes que es lo que necesitas para crecer. Contempla esto. Para la semilla, todo es oscuridad, humedad y fertilizante, hasta que lo que era solo el núcleo de una vida se esfuerza por salir a la superficie, la rompe y sale al sol. Deja que el Mantra te recuerde que aquellos que son humildes pueden volverse poderosos si tan solo comprenden que hay luz más allá de la oscuridad inherente que nos moldea, exactamente de la manera en que necesitamos ser moldeados. Después de todo, ¿no nos enseña la Naturaleza que el nacimiento siempre es doloroso? Use esta meditación para aumentar su paciencia, resistencia y para alcanzar la paz que necesitas como sustento a medida que creces como el poderoso roble.

11

EL TERCER OJO: ENTENDIENDO Y LIBERANDO EL SEXTO SENTIDO.

*H*emos incluido este capítulo porque esta es un área de estudios del Chakra y el Kundalini en la que muchos están interesados. El Chakra de la Corona es el asiento de la energía espiritual, sin embargo, como hemos discutido en capítulos anteriores, el Chakra del Tercer Ojo es donde reside la conciencia espiritual. Por lo tanto, el empoderamiento de este Chakra puede brindar una mayor intuición y una mejor comprensión del flujo del universo que nos rodea. El Chakra del Tercer Ojo también resalta la lógica, como si fuera un amigo generoso que te ofrece algo que quieres y un regalo misterioso. Sabes que hay algo bueno en la caja misteriosa, solo tienes que aprender a confiar en tu amigo.

Sin embargo, abrir el Tercer Ojo puede ser complicado, por lo que hemos recopilado cierta información para ayudar a prepararte para que seas receptivo a la estimulación de este Chakra y a su despertar completo. Te en cuenta que se requerirá paciencia de tu parte, pero con la preparación adecuada se obtienen los resultados adecuados.

Primero, vamos a prepararnos. Esto es realmente simple. Hay una serie de hábitos que puedes incorporar a tu vida que estimularán este Chakra y te prepararán espiritualmente para su despertar. Aquí hay algunas cosas que puede hacer para comenzar:

Preparación para la Apertura del Tercer Ojo

1. **Acércate a tu lógica**: El Tercer Ojo tiene un dominio predominante en la intuición, y con la lógica en segundo lugar. Esto no quiere decir que la lógica que imparte sea falible o débil. Por el contrario, se agudiza como un láser. Esto es para proporcionar contraste, no para disuadirte de seguir tus intuiciones. Darse cuenta de esto es importante cuando se trabaja con este Chakra. Así que absorbe la lógica, lee a tus filósofos favoritos que hablan de la razón, o mira tu serie de detectives favorita si te apetece. Absorbe tanta lógica como puedas para que puedas apreciar el lo valioso de una intuición perfec-

cionada cuando la consigas. Muchas personas han triunfado en la vida y en los negocios siguiendo su "instinto", por lo que es difícil argumentar el valor de la intuición. Si necesitas una explicación que no parece ser tan metafísica, considera esto. Tu mente procesa la información mejor que cualquier computadora que exista. Toma todas las variables y te brinda solo lo que necesitas. ¿Qué no existe la posibilidad que la intuición pueda ser subconsciente, que tenga un alto nivel matemático, y que comprende TODAS las variables que el cerebro ha digerido y considerado en tus momentos de sueño y aburrimiento? ¿Qué no es posible que esta cosa que llamamos 'intuición' es una variable de supervivencia y crecimiento que está ahí para servirte? Vale la pena un momento de contemplación.

2. **Practica tu creatividad**: La expresión de tu creatividad alimenta tu alma y empodera los Chakras del Tercer Ojo y la Garganta. Si te gusta escribir, pintar o crear de alguna forma o moda, entonces ejercítalo. Un ejercicio en particular te ayuda a practicar la intuición mientras te expresas artísticamente. Ve a una librería de libros usados y desentierra una colección de revistas. Obtén un cartel de tu supermercado local y algo de pegamento. Intenta tomar fotos de individuos y recorta imágenes que asocies con ellos

y pégalas alrededor de la imagen de las personas. Elige a una persona que ya no conozcas mucho, para que luego, cuando hayas terminado tu collage, puedas leer una biografía rápida sobre ellos a través de la magia de Google. Fíjate si los objetos que asociaste con ellos están asociados en la vida real. No te preocupes si al principio solo haces unas pocas cosas bien. Este es un ejercicio para flexionar los músculos espirituales que aún no has estado usando. A veces este ejercicio puede sorprenderte gratamente.

3. **Medita diariamente siempre que sea posible**. La meditación es una buena forma de ponerse en contacto con lo espiritual al mismo tiempo que te ayudas a relajarte y volverte uno con el universo que te rodea. Concéntrate específicamente en el Chakra del Tercer Ojo, viendo una luz de apertura en el espacio de tu frente entre tus ojos físicos. Visualiza el mundo que está a tu alrededor detrás de tus ojos cerrados y observa si alguna parte en particular llama tu atención. Abre los ojos por un breve momento y observa hacia dónde ha llamado tu aten-ción. Ten en cuenta el entorno y contempla lo que acabas de ver con los ojos nuevamente cerrados. Como el Chakra del Tercer Ojo también se asocia con la sabiduría, es muy probable que encuentres

una perspectiva más profunda de tu entorno mientras ejercitas tu Chakra del Tercer Ojo de esta manera. Inténtalo y velo por tu cuenta.

4. **Desintoxique tu glándula pineal**: Ubicada al nivel con tus ojos en el centro de tu cerebro se encuentra la Glándula Pineal. Los Yoguis han estudiado y explorado las conexiones de esta glándula y el Chakra del Tercer Ojo. A menudo visto como el lugar donde se sienta el alma, el tomar medidas para garantizar la salud de tu glándula pineal puede, a su vez, potenciar tu Chakra del Tercer Ojo. Hay una serie de pasos que puedes seguir para limpiar y desintoxicar esta glándula. Son los siguientes:

- Vinagre de sidra de manzana. Obténgase en una botella de vidrio. Una cucharada al día puede ayudar a limpiar y refrescar la Glándula Pineal.
- Yodo: Las algas marinas, y varias otras algas son una fuente natural de yodo que pueden utilizarse para desintoxicar tus glándulas pineales. Funcionan causando la excreción de metales pesados del cuerpo. Si no eres un gran fanático del sushi, puedes comprar suplementos que puedes tomar a través de

un gotero para obtener el yodo que necesitas.

- Shilajit: Proveniente de las montañas del Himalaya, este es un material vegetal que se conservó durante millones de años. Con más de 85 diferentes rastros de minerales, este compuesto en particular no solo ayuda a tu glándula pineal sino que también tiene beneficios contra el envejecimiento. Búscalo en Google, este podría ser el complemento para ti.

- Ácido fúlvico: la versión estadounidense de Shilajit, 5 o 6 gotas de esta sustancia en agua permitirá que este suplemento extraído de las plantas te haga una desintoxicación y mantenimiento diario de tu glándula pineal.

- Cúrcuma: Este suplemento puede ayudar a la glándula pineal con la reducción

de daños causados por la exposición al fluoruro. Fácil de obtener, este es definitivamente un elemento a añadir para desintoxicar tu glándula pineal.

- Champiñones Chaga: Ampliamente aclamados y utilizados por los pueblos japoneses, chinos y rusos, este hongo tiene una serie de cualidades que son útiles y benéficas. Productor natural de melanina (que la glándula pineal utiliza para ayudarnos a protegernos de la luz ultravioleta), este hongo también es considerado un agente antitumoral, así como un reforzador del sistema inmune y bueno para el bienestar del sistema nervioso central. Tradicionalmente ingerido en el té, haz una búsqueda en Google sobre esto mismo para ver más de los beneficios que vienen con este pequeño hongo potente. Una serie de estudios científicos se han realizado sobre este tema, así que cuentas con suficiente material de estudio, y con herramientas para una buena salud en el futuro.

Ahora que has hecho algunos preparativos básicos, ¿cómo puede uno proceder a abrir el Tercer Ojo? No tan rápido, amigo. Primero debemos considerar los peligros de abrir el Tercer Ojo.

Principalmente, hay una preocupación al abrir el Tercer Ojo de caer presa del engaño. Tendrás una afluencia de nuevos datos que necesitarás interpretar. Para evitar esto, toma todo esto con calma. La intuición es un músculo metafísico que necesita flexionarse y crecer, así que no empieces a comprar tarjetas de rascar ni a preocuparte por tus vuelos hasta que hayas tenido tiempo de desarrollar tu intuición en crecimiento. Este es un proceso para toda la vida, así que se paciente. Obtendrás inmensos beneficios en los Negocios y en tu vida Personal, pero no esperes resultados 'de la noche a la mañana' y ten cuidado con sus primeras intuiciones. Trata de contemplarlo desde una perspectiva en el trabajo. A veces trabajas con mapas o gráficos que contienen abundante información. ¿Pudiste entenderlos de inmediato o hubo una curva de aprendizaje?

Dale tiempo y recuerda que cada enorme roble que has visto comenzó como una pequeña bellota que podrías haber aplastado con tu zapato.

Ahora que hemos discutido el factor de seguridad, ¿cuáles son los beneficios de un Tercer Ojo bien desarrollado? Son los siguientes:

- Mayor percepción.
- Comprensión de tu destino.
- La capacidad de ver la dirección de tu vida

como si la leyeras en una biografía, escribiéndose constantemente.

- Aumento de "Suerte" de tu conocimiento interno de las variables ocultas a tu alrededor.

En este punto, deberíamos estar listos para entrar en estrategias para la apertura del Tercer Ojo, pero primero, en caso de emergencia:

Cierre del Tercer Ojo

1. Encuentra un lugar a gusto para meditar.
2. Comienza tus ejercicios de respiración.
3. Comienza la meditación. Visualiza tu Tercer Ojo. Inúndalo con visiones de lógica y arte, como las matemáticas, libros, pintura y escultura. El objetivo de este ejercicio es encaminar nuestra intuición hacia la lógica y la creatividad si estamos recibiendo dolores de cabeza, sueños extraños u otros efectos del despertar de la intuición. La lógica en particular es una parte importante de tu Tercer Ojo. En realidad, estás ejerciendo ese Chakra cada vez que usas Google o lees sobre un tema que te interesa. Dicho esto, el ahogamiento de la intuición con una

avalancha de hechos puede ayudarte a llevar tu Tercer Ojo a un estado 'inactivo'. Observa como los hechos se van aproximando, visualiza el lado derecho de tu cerebro, el lado asociado con la lógica, destellando ráfagas de luz. Luego enuncia 'Deja que la intuición venga más tarde', y visualiza la energía de la Intuición como un resplandor color Índigo que fluye hacia el lado izquierdo del cerebro. Completa la meditación diciendo: "Deja que mi intuición se manifieste en Creatividad hasta que esté listo para más". Contempla el resto de la energía fluyendo hacia el lado izquierdo (asociado con la creatividad) del cerebro y vea como el ojo que resplandece entre tus cejas se va cerrando.

4. Ahora has cerrado el Tercer Ojo. Ten cuidado, no hagas esto más de una vez al mes, debes permitir que fluya algo de intuición hasta que estés nuevamente listo para aceptar la información adicional. El bloqueo intencional del Tercer Ojo durante largos períodos de tiempo puede provocar dolores de cabeza y cosas peores, por lo que si tienes que cerrarlo, adelante, pero hazlo

con el entendimiento de que debes dominar
este Chakra y aprender a interpretar los
datos que te manda.

Hemos analizado los peligros, los beneficios y los
métodos para protegerse ante una emergencia, por
lo que creemos que finalmente estás preparado para
abrir tu Tercer Ojo para ver qué tiene que ofrecer.
Aquí hay un método sólido para esto que puedes
practicar desde casa:

Una Técnica para la Apertura del Tercer Ojo

1. Encuentra un lugar a gusto para la
   meditación. Esto tomará entre 30 minutos y
   una hora, así que asegúrate de que sea buen
   lugar
2. Comienza con tus ejercicios de respiración
   para relajarse.
3. Realiza la purificación de los cristales de tus
   Chakras.
4. Medita sobre el fortalecimiento de cada
   Chakra, desde la Raíz hasta la Corona, para
   lograr un equilibrio después de la
   purificación.
5. Después de esto, concéntrate en tu Chakra
   del Tercer Ojo. Vea la forma del 'ojo' se

encuentre entre tus dos ojos abriéndose, iluminando el mundo a tu alrededor con una luz perspicaz. Notarás que todo lo que percibes es de repente más agudo. No tengas miedo, sigue adelante. Deja que vengan los detalles.

6. En lugar de una Manta, recita las siguientes palabras: "No entiendo todo lo que veo, pero me doy cuenta de todo. Busco la sabiduría para comprender lo que no entiendo ahora."

7. Observa la luz del Tercer Ojo como un proyector de luz, dando vueltas a tu alrededor y brindando detalles que antes no habías notado.

8. Concluye la meditación con una declaración: "Siempre vigilante, veo y me esfuerzo por comprender. Confiaré en lo que aprendo.

Felicidades. Has abierto tu Chakra del Tercer Ojo. Al principio, parecerá que la información es demasiada. No dejes que eso te preocupe. Compáralo con el espectro de color. Si estuvieras describiendo la escala de los colores del Arcoíris a un hombre o una mujer ciega, ¿cómo describirías el Índigo? "¿Un tono azul claro y oscuro o negro, no del todo azul o púrpura? Las explicaciones son difíciles de establecer, al principio, pero si sigues ejercitando tu creatividad y aprendiendo lo que el Tercer Ojo tiene que enseñarte, ascenderás de alumno a maestro con el tiempo. Los bosques son intimidantes si no eres una criatura de la naturaleza, así que permite que la información fluya hacia ti desde tu Tercer Ojo y úsala, confía en ella. No te engañes a ti mismo, sino aprovecha las buenas oportunidades. Pronto sabrás la diferencia.

Ahora que hemos anazlizado las trampas y ventajas de potenciar el Tercer Ojo, procedamos al cristal y otras técnicas de curación de los reinos del Chakra y el Kundalini.

12

ENERGÍA CURATIVA CON CRISTALES
Y OTRAS PIEDRAS

Un sistema en donde ambos utilicen el Chakra y el Kundalini (así como con muchas otras prácticas) es el poder curativo de varias piedras y cristales. Discutimos en un capítulo anterior cómo crear piedras de Chakra, y cómo energizar y desbloquear tus puntos Chakra, así como cristales para limpiarlos. Ahora nos gustaría hablar de las propiedades curativas de varias piedras para que puedas familiarizarte con ellas y agregarlas a tus meditaciones para una mayor eficacia y obtener mejores resultados. Para este efecto, te hemos compilado una lista que incluye la curación y otras propiedades de los cristales y varias piedras también. Son las siguientes:

1. **Ágata**: Esta piedra sirve como un poderoso fortalecedor de la cognición. Ayudando a producir claridad en los pensamientos, es bueno tener una cerca si sufres de ansiedad, si deseas sobresalir en una conversación, o si deseas remediar otras condiciones que resultan en patrones de pensamiento desorganizados.

2. **Amazonita**: Esta piedra es particularmente beneficiosa. Se puede utilizar para dar un equilibrio y una limpieza a todos los Chakras, además de proporcionar los beneficios curativos para mantener regulada alguna infección, y también para alivianar algunas condiciones de la piel.

3. **Aventurina**: Aumentando el tiempo de recuperación, esta piedra también es buena para el corazón y la sangre. Por estar asociada con el Chakra del Corazón, está también se puede usar para estimular este centro de energía, así como para aumentar la compasión y la empatía.

4. **Amatista**: Asociada con los 3 Chakras superiores (Garganta, Tercer Ojo y Corona), esta piedra es buena para las condiciones curativas gobernadas en esta área. Dolores

de cabeza, dolor de cuello, insomnio y más. Obtén una buena geoda de amatista para ponerla junto a tu computadora de trabajo. Tus compañeros de trabajo admirarán su belleza sin preguntarse de su propósito (una geoda es objeto de belleza fantastico) mientras vas cosechando los beneficios para la salud.

5. **Heliotropo (Bloodstone)**: Esta forma de calcedonia color verde rojizo ayuda a una buena circulación, así como una estimulación para la revitalización del cuerpo. Si haces ejercicio regularmente, esto puede ayudarte en tu estamina para poder moldear y esculpir el cuerpo que desees. Curiosamente, se dice que esta piedra también tiene cualidades de protección. Si tu hijo está siendo amedrentado en la escuela, puedes hacer que lo sostenga o que haga un collar para que pueda calmar a quienes lo rodean y para estimular el sistema del niño (en casos de pelear o huir).

6. **Topacio azul**: Esta piedra tiene propiedades poderosas que puedes aprovechar. Es de beneficio para las enfermedades mentales, así como para los problemas del gusto y la

vista. Usa esta para disminuir la visión, el paladar, o la cognición distraída. Fácil de ocultar, esta es una piedra popular para la joyería, por lo que puedes mantenerla cerca sin que te cuestionen.

7. **Citrino**: Esta piedra puede usarse para problemas de digestión, así como para estimular su metabolismo y fortalecer los nervios para que los mensajes de su cerebro se disparen con una rapidez potenciada. Esta es otra piedra de joyería, fácil de ocultar y fácil de incorporar a su vida.

8. **Fluorita**: Buena para las alergias, infecciones de sinusitis y agudeza mental y/o concentración, esta es otra buena piedra para agregar a tu colección. La fluorita puede aliviar la inflamación y darte ese enfoque adicional que necesitas al concentrarte. Mantenlo cerca de ti durante la meditación para maximizar la retención del entendimiento profundo y de revelaciones que ocurran. No hay nada peor que olvidar algo profundo, difícil de obtener, así que utiliza la Fluorita en forma de collar o incluso en tu bolsillo para retener esos recuerdos y agudizar tu enfoque.

9. **Hematita**: Esta piedra te ayuda a resistir la ansiedad. Promueve la salud del corazón, la circulación y también se asocia con los órganos del Chakra de la Raíz. También puede usarlo para aliviar el estrés en situaciones sexuales. Agregue esta piedra a tu colección y podrás ver su eficacia por sí mismo. No quedarás decepcionado.

10. **Jade**- Esta piedra está asociada con el Chakra del Corazón. Puede ayudar en la convalecencia después de una cirugía, así como ejercer influencia en la capacidad de curar las toxinas de la sangre. Esta piedra ayuda a aumentar la compasión, la empatía y también alivia el dolor en las articulaciones. Es una piedra bonita e influyente. Una buena piedra para mantenerse cerca.

11. **Obsidiana**: Esta piedra funciona mas para la curación mental que la física. Los cuchillos de obsidiana existieron antes que el bronce y el hierro en muchas culturas. Todavía quirúrgicamente afilados, algunos cuchillos de obsidiana son más filosos y resistentes que los cuchillos modernos. Ícono genuino del pasado, la Obsidiana te ayuda a sanar los problemas del pasado. Consigue uno. Mira

su nitidez negra, lústrala, haz una cuchilla si lo deseas. Deja que te recuerde que el pasado corta lo más agudo, pero en realidad es solo el pasado. Esta es una buena piedra para elaborar un collar. Su lección no necesita de una explicación. Siempre corta y permanece en las sombras. Deja que la oscuridad haga lo que se supone que debe hacer, permite que se oculten las cosas y las pone donde pertenecen, porque no caminarás muy lejos por un camino si caminas mirando detrás de ti todo el tiempo.

12. **Ópalo:** Los ópalos son muy frágiles. A menudo proporcionan imágenes flotantes, trucos de la vista y la mente. Ilusiones. Como tal, es la piedra perfecta para los problemas del ojo. La disminución de la visión, la pérdida de la vista, son cosas que pueden beneficiarse de la adquisición de un buen ópalo. No tiene que tener la calidad de una piedra preciosa ... en efecto, los ópalos de baja calidad, incluso en bruto, tienen una estética que refuerza la creencia de lo que pueden hacer. Mira en ópalos crudos o básicos.

13. **Cuarzo**: Una de las piedras más comunes

que también contiene una gran abundancia de poder, el cuarzo puede usarse para estimular el sistema inmunológico, así como el resto del cuerpo. Claro, simétrico ... es un ejemplo perfecto de una red cristalina refinada. Si vives en los EE. UU., busca en Google minas de cristal en Arkansas. Por $10 a $15 dólares, puedes recoger cristales a mano recién traídos de las minas diariamente. Usa guantes, porque el cristal en bruto te puede cortar como el vidrio, pero haciendo un pequeño viaje a Arkansas puedes obtener cientos de dólares en cristales dedicando de $10-15 dólares la hora, usando solo tus ojos, guantes y una cubeta.

14. **Cuarzo rosa**: Asociado con el Chakra de la Raíz y del Corazón, este cristal tiene muchas propiedades beneficiosas. Para la presión arterial, y la taquicardia, esta es una piedra útil para incorporar a tu colección.

15. **Rubí**: Siendo un estímulo para el Chakra de la Raíz, el rubí es también una piedra poderosa para la curación. Puede ayudar con problemas cardíacos y en problemas de disfunción sexual. Puede aumentar el

enfoque y la concentración y también fomenta el amor.

16. **Zafiro**: El zafiro estimula la garganta y el Chakra del Tercer Ojo. Se puede usar para prevenir la fiebre y también es bueno para padecimientos del ojo. Sus propiedades espirituales lo vuelven también en una buena piedra para la limpieza de los Chakras. Como es una piedra de joyería y está asociada con el Tercer Chakra superior, esta es una buena piedra para aretes si deseas usarlos cerca de los Chakras que son afectados por el zafiro.

17. **Shungite**: Se dice que esta piedra rara reduce los efectos de la FEM (frecuencia electromagnética). Puede colocarlo cerca de dispositivos electrónicos, como el celular y portátiles, u otros elementos que uses a diario para reducir los efectos de la FEM. El Shungite también tiene cualidades desintoxicantes. Puede acelerar la desintoxicación y ayudar a calmar la ansiedad que a menudo viene con este proceso.

18. **Tanzanita**: Otra piedra de joyería, la tanzanita fomenta la capacidad psíquica.

También es una piedra curativa poderosa que estimula la regeneración de la piel, las células y el cabello. Proporciona claridad y calma para la meditación, pero también se dice que ayuda a quienes están en coma a encontrar el camino a casa. También se dice que la tanzanita es buena contra el alcoholismo y para disminuir el dolor de las migrañas. Es, es en efecto, una piedra poderosa.

19. **Turmalina**: Un fortalecedor de la columna vertebral, el sistema inmunológico, las glándulas suprarrenales y el corazón, esta piedra también puede ayudar a aliviar el estrés y ayudarte a eliminar la tensión de su vida.

20. **Turquesa**: La turquesa está asociada con el Chakra de la Garganta y puede ayudar con problemas asociados con la garganta, las orejas, el cuello e incluso el cerebro. También es bueno para lograr meditaciones más profundas y estimula la intuición, por lo que es una buena piedra para llevar en todo momento.

Si esto parece mucha información para procesar, no

te preocupes. La siguiente es una excelente manera de aprender las propiedades de tus piedras y almacenarlas fácilmente. Consígase una caja de aparejos de pesca. Suena un poco ortodoxo, pero danos un momento para explicarlo. Una caja de aparejos contiene varios compartimentos, apilados uno sobre otro, que puedes extraer para aprovechar las capacidades de almacenamiento modular. Obtén unas tarjetas para tomar nota y tijeras, y recorta algunos cuadrados de las tarjetas que puedas poner en la parte inferior de los contenedores. Escribe el nombre de la piedra y las palabras clave que te dicen sus propiedades. Por ejemplo, puedes escribir 'Heliotropo -Resistencia, Circulación, Ejercicio'. Más adelante, siempre podrás usar un joyero (o simplemente usarlo para los más elegantes), pero en realidad la caja de aparejos es bastante buena ya que puede mantener tus piedras separadas, en buenas condiciones, y evitar que se rasquen entre sí como lo harían si simplemente estuvieran todas juntas en una caja. Si prefieres un enfoque más estético y cuentas con poco de talento para hacer cosas nuevas, forra los compartimentos con terciopelo, pega algo de latón u otros artículos en la tapa y transforma la caja. O puede dedicar un poco más de tiempo para fabricar una caja de madera con las mismas cualidades (algunos joyeros ya tienen el mismo tipo de almacenamiento). Mientras tanto, para ahorrar dinero y lograr el mismo efecto, consigue una caja de aparejos. También son menos propensos a ser robados.

Entonces, ¿cómo uso estas piedras?

Simplemente tenlos contigo o intégralos en las joyas. Podrías decir: "No puedo hacer joyas y es costoso mandarlas a hacer". Hazte un favor y agradécenos más tarde con este pequeño truco. Ve a Google y busca 'configuración de joyas'. Hay una serie de talismanes y otras configuraciones más básicas, solo esperando que proveas la piedra. Por ejemplo, buscando en Google 'Granate cabujón' y encontrarás granates redondos con una base plana, una esfera cortada por la mitad. Puedes colocar fácilmente uno de estos en un entorno simplemente colocándolo y maniobrando las pinzas en su lugar empujándolas con unos alicates o, en algunos casos, simplemente pegándolo en su lugar. La expresión artística fortalece los Chakras de la Garganta y del Tercer ojo, entonces, ¿por qué no intentarlo?

Puedes descubrir que tenías un talento que desconocías.

Si uso más de una piedra, ¿habrá conflicto con otras energías?

No. Estas piedras no son personas. Son energías de la naturaleza. Creados en períodos de tiempo más antiguos que nuestras civilizaciones, son puros y producen solo energías buenas y benéficas. Piensa en ellos como el dinero. En las ruinas vikingas, el dinero es simplemente energía móvil que se debe colocar y circular. Diferentes piedras son monedas diferentes, pero su valor no disminuye cuando las juntas. Todas se convierten en el poder que necesitas y la diferencia simplemente radica en la estética. La única preocupación es que puedes obtener demasiadas energías que estás tratando de cultivar, así que mezcla y combine sabiamente. Aprenderás con experiencia.

¿Necesito prepararlas de una manera especial?

Las piedras, cristales y minerales te preceden enormemente. No necesitan mucho cuidado. Si deseas energizarlas, así como energizarías tu propio cuerpo para hacer ejercicio, considera lo siguiente:

• La luz del sol puede energizar tus cristales, piedras y minerales.

• La luz de la luna también funciona.

• El agua salada elimina la negatividad.

• Por ejemplo, el humo de los palos de mancha, el espliego y la salvia pueden purificar tus piedras si sientes que están perdiendo su eficacia.

Algunas piedras, como la cianita, no necesitan purificación. Así que haz una búsqueda creativa en Google. Si hiciste una caja de aparejos, una franja roja en la esquina del descriptivo puede mostrarte de un vistazo cuales piedras deben purificarse semanalmente para obtener mejores resultados.

13

MEDITACIÓN CHAKRA EN EL JARDÍN

*H*emos hablado sobre los beneficios de los alimentos en el cultivo de una mentalidad adecuada. Los alimentos de cierto color tienen una asociación psicológica en tu comprensión de los puntos Chakra. Una forma de nutrir tu mente y tus centros de energía es cultivando un jardín. Un pequeño lugar cuadrado en tu patio trasero donde fomentas y observas el crecimiento de los alimentos y las flores de los colores apropiados.

Este es un medio para practicar tu paciencia y para demostrar que tus esfuerzos, ya sean grandes o pequeños, tienen méritos a la vez que proveen de un lugar tranquilo para meditar. Así es como lograrás tal cosa:

Hazte un jardín. Los siguientes elementos son los colores que necesitarás:

Alimentos rojos: Tomates, fresas, pimientos rojos, frambuesas, rábanos

Flores rojas:

- Cardenal rojo: Florece desde el verano hasta el otoño, estas flores tienen una forma encantadora de trompeta que es agradable a la vista. Estas flores también atraen a los colibríes.
- Rosas rojas: Símbolo del amor desde hace mucho tiempo, el cuidado y cuidado de un rosal es relajante y bueno para el alma. Considera el plantar un rosal, puede brindarte mucho gozo en los próximos años.
- Petunia roja: Las petunias son flores interesantes. Si bien sus tonos rojos pueden indicar amor o pasión, dependiendo del entorno también pueden usarse para representar enojo o desagrado con algo que una persona ha hecho. Dicho esto, sus hermosos tonos pueden añadir un poco de color a tu jardín, así que toma en cuenta a las petunias.

- Nenúfar rojo pigmeo: Florece de Junio a Septiembre, este hermoso lirio es originario de Meghalaya. Perfecto para un estanque de tipo koi, o simplemente un estanque tradicional.
- Lirios rojos: Al igual que las rosas, los lirios rojos también son un poderoso símbolo de la pasión y el amor. También son una hermosa adición a cualquier jardín, así que considéralos para tu jardín de meditación.
- **Alimentos de color naranja**: naranjas, calabaza, zanahoria,

Flores naranjas:

- Begonias: Florecen en muchos colores, las begonias son un buen complemento para cualquier jardín y fáciles de cuidar.
- Cempasúchil (Caléndula): Florecen todo el verano, éstas requieren de mucha luz solar, pero pueden florecer en casi cualquier suelo, así que si necesitas algo bonito que crezca en climas resistentes, considera el cempasúchil
- Tulipanes: Los tulipanes son una buena adición a su jardín de meditación. También puedes encontrarlos en prácticamente todos

los colores del arco iris, por lo que los tulipanes son una buena opción si buscas un solo tipo de planta para cuidar.

- Margarita Gerbera: Éstas flores vienen en muchos colores, incluido el naranja que representa el punto del Chakra Sacral. Una buena adición a su jardín.

- Azucenas: a pesar de su aspecto frágil, estas flores crecen y se extienden rápidamente. Prosperando en sombra parcial o a plena luz del sol, estas son una excelente adición a tu jardín de meditación.

Alimentos amarillos: maíz, calabacín, pimientos amarillos

Flores amarillas:

• Girasoles: Resistentes, fáciles de cuidar y hermosos a la vista, los girasoles son una gran adición a tu jardín y también fáciles de tomar.

• Lirios de agua: Estos representan la fertilidad y el renacimiento, son una gran adición a cualquier estanque de jardín.

• Dalia: Popular en la época victoriana, la dalia

representa la fuerza y la elegancia, y es muy bonita a la vista. Una gran adición a tu jardín de meditación.

• Lotus: una de las flores más delicadas, un Lotus es un símbolo poderoso de iluminación espiritual y se ve elegante en un estanque de jardín.

• Yarrow – Representando el amor y la sanación, el Yarrow es fácil de cultivar y se ve muy bien en el jardín.

Alimentos verdes: ejotes, cebollas verdes, manzana verde, brócoli, espinaca

Flores verdes:

• Hortensias: Disponibles en azul, rosa, rojo y verde. Las hortensias son hermosas y fáciles de cuidar. Considérelas al plantar tu jardín, estarás feliz de haberlo hecho.

• Campanas de irlanda: fácil de obtener y resistentes, éstas en realidad se originaron en Turquía. Fáciles de cuidar y se destacan por su longevidad, estos son una gran adición a cualquier jardín.

• Zinnia: Disponible en muchos colores, las Zinnias Verdes son encantadoras de ver tanto dentro como fuera de casa.

• Dianthus: Ésta hace grandes bordes para tu jardín. Las Dianthus son fáciles de criar y son otras de las plantas resistentes de esta lista.

• Menta: Planta ideal para el té, la menta agrega color y aroma a tu jardín de meditación, mejorando la tranquilidad en su totalidad.

Alimentos azules: Arándanos

Flores azules:

• Hortensias azules: las hortensias tienen una increíble variedad de sombras, dependiendo de la alcalinidad del suelo en el que crecen. Azul polvo, azul cielo y sombras más profundas a su vez. Añádelos a tu jardín y disfrutalo.

• Dandelion azul (dientes de león): Originarios de Asia y Europa, los dandelios azules también se están volviendo populares en los EE. UU. Representantes de la felicidad y la tranquilidad, son una excelente adición a tu jardín de meditación.

• Jacinto de uva: Asociados con el renacimiento, esta planta crece en racimos agradables y tiene una forma notable de bulbo muy diferente a cualquier otra.

• Clematis de fuente de cristal: Asociada con la fidelidad, esta planta trepadora es una excelente adición para proporcionar un tono de azul-oscuro fino a tu jardín.

• Campanulas: también conocidas como 'Dedales de Hadas', estas flores con forma de campana son de un hermoso tono de azul que puedes usar para estimular tu Chakra de la Garganta.

Alimentos índigo: berenjenas, zanahorias moradas.

Flores índigo:

• Indigo Tinctoria: también conocida como "Índigo Verdadera", esta planta es miembro de la familia del frijol, y es la fuente de los tintes de color índigo originales.

• Indigo falso azul: Fueron utilizados por los nativos americanos para hacer tintes de azules e índigo; las flores de esta planta son impresionantes y una valiosa adición a cualquier jardín.

• Larkspur de Montaña- El larkspur es hermoso, pero venenoso, así que manéjese con cuidado si eliges agregarlo a tu jardín.

Alimentos de color violeta: cebollas moradas dulces, repollo morado

Flores violetas:

• Violeta: No se vuelve más violeta que violetas. Agrégualos a tu jardín para estimular el Chakra de la Corona mientras te relajas y meditas.

• Nepeta: Requiere de muy poco cuidado, la Nepeta es muy fácil de criar.

• Verbena- Florecen en tonos de magenta y violeta, florecen en verano y durarán todo el tiempo si se les da un buen cuidado.

• Campanas de Canterbury: Fáciles de criar y siendo una alegría para la vista, estas vienen en muchos colores y tienen una atractiva forma de campana.

• Cardo de mar: A menudo se encuentra en forma silvestre en zonas de los Estados Unidos, esta planta es buena para atraer mariposas y pájaros a tu jardín.

Estas son solo una pequeña muestra de flores que puedes cultivar en tu jardín. Para obtener mejores resultados, las plantas locales son más fáciles de obtener y ya son adecuadas para tu entorno. Dicho esto, si tienes un poco de talento para el cultivo de plantas, el esfuerzo extra realmente vale la pena. La cultivación de un lugar para tus meditaciones definitivamente vale la pena.

14

EL KUNDALINI Y OTROS TIPOS
DE YOGA

Q ueríamos incluir un capítulo sobre otro medio para aumentar tu energía de Kundalini. El Yoga de estilo Kundalini es excelente para esto y una manera genial para mantenerse en forma. Entonces, ¿qué necesitamos ahora para comenzar?

Primero, un poco de historia. Si bien se desconocen sus orígenes exactos, los primeros mencionados se atribuyen a los Upanishads. Tradicionalmente enseñado de maestro a alumno, el yoga Kundalini no fue adoptado 'oficialmente' en el Occidente hasta finales de la década de los sesenta, cuando fue introducido comercialmente por Harbhajan Singh Khalsa, también conocido más popularmente como Yogi Bhajan. Aprovechando el ambiente de contracultura de los años 60 y 70, Yogi Bhajan estaba en un buen momento para difundir su mensaje y su estilo de Yoga se extendió por los Estados Unidos y Canadá después de establecer un programa de formación de maestros en 1969.

Como estas enseñanzas se transmitían regularmente de boca en boca, de maestro a alumno, siempre había cierta controversia sobre qué forma de yoga es la más 'pura'. Críticos como Virsa Singh, quién es practicante del camino de la iluminación de Gobind Sadan, han citado que en sus primeras etapas de desarrollo, el estilo de Yoga Kundalini denominada Yogi Bhajans parece ser una mezcla de Mantras Sij, referencias Tántricas y posturas Yóguicas. Gobind Sadan es una estilo de Sikhismo que abarca, entre otras cosas, el respeto hacia todas las religiones debido a la creencia particular de tal persona en esos sistemas. Entonces, ¿quién tiene razón?

El sistema adecuado para ti es aquel que te llama. Por ahora, es mejor concentrarse en comenzar. La Yoga de tipo Kundalini ha atraído a un número creciente de practicantes por sus beneficios espirituales y de salud. Sugerimos humildemente que el mejor camino va a estar lleno de tradiciones y, sin embargo, sería único para ti, tal y como cada espíritu es único.

Entonces, ¿de qué se trata todo esto?

El yoga consiste en adoptar varias posturas del cuerpo para estimular energías específicas y / o fomentar la paz, la autoconciencia y una buena salud.

Otros tipos de Yoga que quizá hayas escuchado incluyen:

1. *Yoga de Ashtanga*

Origen y filosofías: el nombre, 'Ashtanga', proviene de la palabra Sánscrita 'Asanga' mencionada en el Yoga de Sutra de Patanjali. Significa 'Ocho Extremidades', y se refería al Sendero Óctuple del Yoga. Estricto en sus posturas, este Yoga combina el tipo de respiración asociado a cada postura para vincular la respiración con cada movimiento. Habiendo estado registrado en los primeros manuscritos, esta clase de Yoga fue introducida en el Oeste en 1948 por Pattahbi Jois. Es considerada una versión moderna de las enseñanzas tradicionales de la India.

1. *Yoga de Hatha*

Origen y filosofía: Desarrollada originalmente por un sabio hindú del siglo 15 llamado Yogi Swatmarama, la palabra 'Hatha' se deriva de 'Fuerza'. Casi todas las posturas de yoga que se enseñan y practican en los Estados Unidos se derivan de la Yoga de tipo Hatha y, como tal, a menudo se usa más como un término genérico en el Occidente para cualquier tipo de yoga que implique posturas físicas. Este Yoga utiliza principalmente asanas, que son posturas yóguicas, para unir mejor el cuerpo y la mente como uno solo.

1. *Yoga de Jivamukti*

Origen y filosofía: El Yoga de estilo Jivamukti es un estilo relativamente nuevo en este grupo, desarrollado por primera vez por David Life y Sharon Gannon en 1984, y viene no solo con poses originales sino también con principios espirituales y éticos. Los 5 principios de Jivamukti incluyen:

- Ahimsa: un estilo de vida no violento que abarca la amabilidad a los animales, recurrir al vegetarianismo, el veganismo y los derechos de los animales.

- Bhakti: la autorrealización es aceptada como el objetivo de este yoga.
- Dayana- Observación de meditaciones
- Nada: Escuchar profundamente con música o incluso con meditaciones guiadas.
- Shastra- Estudio de las antiguas enseñanzas Yóguicas.

1. Yoga de Iyengar

Origen y filosofías: Creado en 1966 por B.K.S. Iyengar, quien a su vez colaboraba con K. Pattahbi Jois, el creador del Yoga estilo Ashtanga, fue detallado por primera vez en un libro llamado 'Yoga Ligero'. Este libro se convirtió rápidamente en uno de los mas vendidos, ya que se enfoca en una forma ligera del Yoga tipo Hatha, incorporando más de 200 poses tradicionales, pero también incorpora el uso de eslingas, mantas, cinturones y más para minimizar el riesgo de lesiones en lo que se vuelve un sistema accesible para practicantes de cualquier edad o forma física. Este Yoga también tiene una base fuerte en las tradiciones de Yoga de las ocho extremidades de Patanjali en su prueba, el 'Yoga de Sutras'

1. Yoga de Bikram

Origen y filosofía: Desarrollado por primera vez en 1973 por Bikhram Choudhury, este yoga es el más riguroso de la lista. Centrándose principalmente en el uso de las técnicas de Hatha para el ejercicio (a veces en habitaciones con calefacción), este Yoga se trata más de hacer ejercicio físico.

¿Entonces que hay sobre el Yoga Kundalini?

La Yoga de tipo Kundalini es una experiencia muy diferente de las otras. A medida que avancemos en este capítulo, discutiremos una serie de poses y ejercicios que podrás hacer para aprovechar esta sabiduría por ti mismo. Estos son algunos ejercicios tradicionales aprendidos y enseñados por Yogi Bhajan y utilizados diariamente por todo el mundo. Debido a la enorme cantidad de información disponible sobre este tema, solo incluimos algunas posturas y sugerencias, lo suficiente para comenzar, con la intención de cubrir más temas que creemos que podrían interesarte de este libro.

Para nuestro primer ejercicio, te presentaremos la posición de la 'Rana'.

Posición de la rana: 'Para hacer la posición de la rana, ponte en cuclillas sobre los dedos de tus pies, talones haciendo contacto, y tu mano entre las piernas frente a ti. Justo de la manera en que las ranas posan. Levantando el trasero, levántate lentamente, inclinando la cabeza hacia las rodillas. Toma un poco de práctica, pero las ranas son una excelente manera de estimular los Chakras de la Raíz y del Sacro. Haz 26-52 ranas por la mañana y sentirás la diferencia.

Posición de cuervo: A continuación probaremos la posición del cuervo. Al igual que las ranas, esta posición estimula el primer y segundo Chakra mientras que al mismo tiempo mejoran la circulación. Colócate en cuclillas, con las manos extendidas frente a ti o con los dedos entrelazados por arriba de la cabeza. Lentamente, ponte de pie y haz la repetición 26-52 veces.

Pose del triángulo: Esta postura estimula la glándula pituitaria y es también buena para la columna vertebral. Ponte de pie con los pies separados aproximadamente al ancho de la cadera. Inclínate, colocando tus brazos a unos 3 pies (aprox 1 metro) delante de tus pies. Levanta los glúteos para que adoptes una forma triangular en esta pose. Manten esta posición durante 3 a 5 minutos, respirando profundamente para mantenerte relajado y en forma adecuada.

Chakras Ana: Esta pose energiza todos tus Chakras. Es un poco complicado de hacer. Acostado de espaldas, querrás colocar las manos a los lados de la cabeza, los dedos apuntando hacia los dedos de los pies. Levántate lentamente, de modo que tu cuerpo tome la forma de un arco. Mantén esta postura durante 30 segundos y después regresa a la posición original lentamente.

Curvas hacia adelante: No todos los ejercicios de yoga son difíciles. Prueba las curvas hacia adelante como una forma de incrementar la circulación en tus piernas y fortalecer la espalda baja y la columna vertebral. Para hacer este ejercicio, siéntate con las piernas bien separadas frente a ti y baja suavemente la cabeza hasta una de las rodillas. Mantén esta posición por un minuto o dos y luego pasa a la siguiente rodilla. Facilísimo.

Breves Sugerencias

He aquí unas breves sugerencias para aprovechar al máximo tus sesiones de yoga y meditación.

1. **Hazlo a primera hora de la mañana.**

El meditar temprano en la mañana después haber descansado por la noche hace que sea mucho más fácil entrar en un estado de relajación. Este hábito también puede capacitarte para tener un día tranquilo en el trabajo. Pruébalo y verás.

1. **Para despejar tu mente, sigue las luces detrás de tus ojos.**

Esta técnica es excelente para despejar la mente de pensamientos distractores. ¿Conoces esas luces que ves detrás de tus párpados cuando los cierras? Imagine que los estás cazando y que estas luces se asustan fácilmente con el sonido. En lugar de los pensamientos que solo causan distracción, concéntrate en silenciosamente "seguir" las luces hacia tu mente. Esta técnica también es buena para contra el insomnio.

1. **Comienza con meditaciones breves al principio**

La meditación es una habilidad que mejora como cualquier otra, a través de la paciencia y la práctica. Si las meditaciones más prolongadas te son un problema, no te preocupes, la práctica te llevará a ellas. Prueba meditaciones breves de 2 minutos y sigue practicando hasta llegar a las más prolongadas. Lo lograrás.

1. No te preocupes si lo estás haciendo mal.

Todos piensan que lo están haciendo mal la primera vez. Si aún no puedes continuar sin preocuparte, intenta obtener algunas meditaciones guiadas en línea. Las meditaciones guiadas son exactamente lo que parecen, sesiones de meditación en las que un maestro experimentado te guía a través de las visiones, por lo general con el acompañamiento de música agradable. Esta puede ser una buena manera de comenzar si todavía estás preocupado, pero tranquilo. Todos piensan que lo están haciendo mal al principio.

1. Encuentra una comunidad.

Con las redes sociales, nunca estás realmente solo. Aun mejor, encontrar comunidades que compartan tu interés puede ser muy fácil. Revisa tu Facebook u otros grupos de redes sociales donde estés suscrito, e incluso puedes reúnirte si el grupo es local. Estarás intercambiando libros y consejos en poco tiempo.

1. **Explórate a ti mismo.**

La meditación tiene como objetivo lograr un mayor sentido de autoconciencia. Si notas patrones particulares de pensamiento durante una meditación más profunda, tómate un tiempo para contemplarlos. Puedes aprender muchas cosas poderosas sobre ti mismo, solo necesitas escuchar.

1. **Estiramiento.**

Los ejercicios de estiramiento antes de su sesión de yoga pueden ayudarlo a mantenerse saludable a medida que aprende algunas de las posiciones más desafiantes. Siempre tómate el tiempo para estirarte por la mañana primero, ya que olvidar esto puede resultar en una lección que seguramente recordarás, pero solo querrás aprender una vez.

1. **Desarrolla tus ejercicios de respiración.**

Alterna tus ejercicios de respiración para ver qué resultados provienen de ellos. Una respiración adecuada es importante para la meditación y también es buena para muchas otras cosas, como el manejo del dolor y hacer ejercicio eficazmente.

Presta atención si un patrón de respiración en particular parece relajarte más rápidamente.

1. **Velas perfumadas.**

Las velas aromatizadas mejoran la atmósfera cuando haces tus ejercicios de meditación, y pueden ayudarte a entrar en un estado contemplativo mucho más rápido. Lo que nos lleva a nuestro consejo final.

1. **Contempla los sonidos y olores a tu alrededor.**

Al meditar, absorbe los sonidos y olores a tu alrededor. ¿Hay pájaros afuera? ¿La casa todavía huele al desayuno? Contemplar estos olores y sonidos puede conducir a un estado meditativo profundo, así que aprovéchalo.

A continuación, nos gustaría presentarle una poderosa técnica de respiración Kundalini conocida como 'Aliento de fuego'.

Aliento de Fuego

Este ejercicio es practicado en todo el mundo por muchos practicantes del Kundalini y hace muchas cosas por ti, y su eficacia aumenta con el tiempo a medida que lo usas cada vez más. Como es una de las técnicas más extenuantes, recomendamos que primero dediques intervalos de tiempo cortos de práctica, y que sobre todo, seas paciente. El tiempo dedicado en aprender estas técnicas es tiempo bien invertido y debe usarse para aprender las técnicas BIEN. Cabe señalar en este momento que este ejercicio no debe realizarse si estás embarazada o padeces de una alta presión arterial. Al igual que otros ejercicios que pueden tensar tu cuerpo, te convendría hacer uso de tu buen juicio.

Entonces, ¿qué es exactamente el aliento de fuego?

El Aliento de Fuego es un Kundalini de Pranayama, es decir, una técnica de respiración. Proporciona una serie de beneficios, que incluyen:

- Fortalecimiento de la circulación de la sangre para eliminar las toxinas perjudiciales.
- Fortalecimiento de los pulmones- Este ejercicio puede ayudarte a respirar con mayor fuerza y de una manera más natural a medida que limpia tu cuerpo.
- Alivio del dolor: Una serie de ejercicios

respiratorios son buenos para aliviar el dolor y este es uno de ellos. Si el ejercicio es difícil al principio, no te preocupes, esto es algo que irás construyendo.

- Estimula el Chakra del Sacro mientras fortaleces el abdomen.
- Estimula la mente al aumentar el flujo de oxígeno al cerebro.

Para realizar el Aliento de Fuego, realiza los siguientes pasos:

1. Siéntate derecho, no te encorves, la forma es importante.
2. Comience a respirar de manera relajada por la nariz.
3. Aquí viene la parte difícil. Contrae el abdomen durante la inhalación. Empújalo hacia afuera durante la exhalación. Tenga en cuenta que esto lleva tiempo dominar, por lo que si solo pruebas este ejercicio durante 30 segundos a la vez, está bien.
4. Acorta la respiración, inhalando y exhalando de la manera descrita lo más rápido posible. Con práctica, podrás acortar y alargar las respiraciones.

5. Después de aproximadamente 30 segundos de hacer el ejercicio, vuelve a normalizar tu respiración. ¿Te das cuenta de cómo se siente tu cuerpo energizado? Algunas personas reportan piel de gallina (es decir escalofríos, algo completamente normal con este ejercicio).

6. Continúa con el ejercicio, permitiéndote descansos con respiración normal. Los intervalos de tiempo aumentarán y notarás que puedes hacer más 'series' de esta forma de respiración al aumentar el tiempo entre pausas. No exageres ni te esfuerces de más y asegúrate de descansar antes de levantarte cada vez que practiques ejercicios de respiración más agotadores como lo es esta técnica.

Intenta practicar esta técnica de Kundalini al menos una vez a la semana y notarás que tu resistencia se incrementa. Como hemos mencionado anterior-mente, este ejercicio también fortalece el abdomen, por lo que la práctica también puede ayudarte a empezar a verte bien a medida que comienzas a ser más poderoso en sus meditaciones. Si encuentras que este u otros ejercicios podrían beneficiarse con soporte visual, toma en cuenta tu comunidad local de Yoga o tu computadora portátil en casa. Varios videos y otros medios están presentes en YouTube y en muchos, muchos sitios de Yoga que pueden ayudarte con esta información adicional que podrías necesitar con una pose, meditación o ejercicio en particular.

15

CONCLUSIÓN

*J*untos hemos atravesado muchos temas. Hemos aprendido de los Chakras juntos. Hemos discutido la energía espiral del Kundalini, la energía de la Serpiente, y te hemos fortalecido con los conceptos básicos de la respiración y meditación.

Dicen que si le das a un hombre o mujer un pez, comerán por un día, pero ahora te hemos enseñado a pescar por ti mismo. Cultiva lo que has aprendido y tendrás "comida" para toda la vida. Si tus amigos te ridiculizan, mantén tu distancia. Nunca se debe ridiculizar a alguien que busca encontrar sus verdades personales y lo que has algo que se ha acumulado por mas de 3000 años de estudio. Te mostramos solo los conceptos básicos, partes y piezas, pero el viaje que te espera te mostrará mucho más. Entonces, como dicen, 'mantén a raya a los detractores', aprende lo que puedas y crece en sabiduría y comprensión. Sabes lo que es correcto para ti y nadie más en tu vida va a buscar, tomar y asegurar tu felicidad.

Asegúrese de practicar tus poses, sus Mantras y varias meditaciones de Chakra. Esto no es algo que va a suceder de la noche a la mañana, necesitarás un poco de autodisciplina para asegurarte de permanecer en el camino mientras aprendes los Chakras y las Energías de la Serpiente más íntimamente. Incorpora la contemplación meditativa de uno mismo para comprenderte mejor. Incorpora el Yoga a tu vida para aumentar la energía de Kundalini en lo que vas fortaleciendo tu mente y cuerpo. Incorpora los colores de los Chakras a tu vida para cultivar mejor sus energías. Todo lo que necesitas para comenzar y avanzar en tu camino está aquí.

Te agradecemos por pasar tiempo con nosotros para dar los primeros pasos y aventurarte en el largo camino que te espera. Te deseamos solo lo mejor en tu trayecto.

Conoce y comprende el poder de la Serpiente, conoce tus centros de energía Chakra.

Conócelos y, aun más importante, conócete a ti mismo.

Namaste